W0048399

Anneliese Seebacher

Damit die Liebe wieder fließen kann

ANNELIESE SEEBACHER

DAMIT DIE
LIEBE
WIEDER FLIESSEN KANN

NEUE HARMONIE IN DER FAMILIE

|||||||||||||||||||| SILBERSCHNUR ||||||||||||||||||||

Alle Rechte – auch die des auszugsweisen Nachdrucks, der fotomechanischen Wiedergabe, der Übersetzung und der Einspeicherung und Verarbeitung in elektronischen Systemen – vorbehalten.

© Verlag »Die Silberschnur« GmbH

ISBN 3-89845-010-4

1. Auflage 2002

Covergestaltung: XPresentation, Boppard
Druck: FINIDR s. r. o.. Český Těšín

Verlag »Die Silberschnur« GmbH · Steinstraße 1 · D-56593 Güllesheim

www.silberschnur.de
e-mail: info@silberschnur.de

INHALTSVERZEICHNIS

VORWORT

Die Methode des Familienaufstellens hat mich von Anfang an begeistert. Mein erster Kontakt mit der Arbeit Bert Hellingers war ein Selbsterfahrungsprozess im Rahmen einer therapeutischen Ausbildung. Mit Erstaunen und Freude stellte ich fest, dass ich nach diesen Seminartagen von einem viel tieferen Verstehen meinen Mitmenschen gegenüber erfasst war und mich mit allen Verwandten aus meiner Herkunftsfamilie in einer bis dahin nicht verspürten Innigkeit verbunden fühlte. Mir war bewusst, hier eine Methode gefunden zu haben, die in ihrer Direktheit, Offenheit, Klarheit und respektvollen Achtsamkeit alles übertraf, was ich bislang im Bereich des psychotherapeutischen Wirkens kennen lernen durfte.

Seit zehn Jahren leite ich selbst Familienaufstellungen. Das, was ich von meinen Lehrern und Lehrerinnen annehmen konnte, habe ich genommen und angewandt, Eigenes, selbst Erfahrenes und Erworbenes ist dazugekommen. Mit der Zeit ist etwas daraus entstanden, das wohl den Grundregeln der systemischen Arbeit von Hellinger entspricht, aber auch den Stempel meiner eigenen Betrachtungs- und Erkenntnisweise trägt.

Geprägt vom Studium und der Liebe zur Soziologie war es mir auch wichtig, ein Kapitel dieses Buches den Soziologischen Ordnungen der menschlichen Beziehungen zu widmen und sie den Universellen Ordnungen gegenüberzustellen. Jenen Ordnungen, denen Hellinger in seiner feinfühligen und mutigen Art des therapeutischen Arbeitens in seinem langen Berufsleben auf die Spur gekommen ist. Gerade durch diese Doppelsicht der Dinge kann einiges klarer herauskommen. So wird zum Beispiel erkenntlich, wie sich bei Nicht-Übereinstimmung gewisser gesellschaftlicher

Regelungen oder Gewohnheiten mit den „Ordnungen der Liebe" negative Folgen einstellen. Wir hören dann vielleicht auch auf uns zu wundern, warum bestimmte gesellschaftliche Verhaltensweisen, obwohl toleriert oder sogar erwünscht, nicht funktionieren und beginnen sich zu verändern.

Natürlich habe ich Bert Hellinger in meinen Ausführungen einige Male zitiert, und natürlich stammen viele der Erkenntnisse (besonders in Kapitel 4.2.) von ihm. Man kann kein Buch über Familienaufstellungen schreiben, ohne dies zu tun.

Die sprachliche Berücksichtigung der weiblichen Form hat für die schreibend Tätigen einiges komplizierter gemacht. Einfach *Teilnehmer* zu schreiben, obwohl es sich um *Teilnehmer und Teilnehmerinnen* handelt, widerstrebt mir. Das Weglassen des Weiblichen hat mich schon immer geniert. Von mir selbst als *der Therapeut* zu schreiben, finde ich lächerlich. In jedem Fall auf die männliche und weibliche Form hinzuweisen, ist mir wiederum zu aufwändig gewesen. Die dritte Möglichkeit, den ganzen Text in der weiblichen Form zu schreiben, schien mir übertrieben. So habe ich zu keiner bestimmten, durchgehenden Form gefunden, sondern mir erlaubt, mich keiner „Ordnung" zu unterwerfen. Ich habe von allen drei Möglichkeiten Gebrauch gemacht und sie so angewendet, wie sie mir in den jeweiligen Passagen brauchbarer erschienen.

Letztendlich möchte ich noch meinen Dank aussprechen. Dank allen jenen Frauen und Männern, die sich mir und meiner Arbeit in all den Jahren anvertraut haben. Durch sie konnte ich immer wieder lernen und dadurch mehr weitergeben an die nächsten. Ich glaube, dass wir alle eingebettet sind in den großen Kreis des Gebens und Nehmens.

1.

EINLEITUNG

Dies ist ein Buch über die Liebe, über Liebende und Nicht-mehr-lieben-Könnende. Es behandelt die große Sehnsucht nach Liebe, die wir alle – ausnahmslos – kennen, und die tiefen Schmerzen, die die Erfahrungen mit der Liebe mit sich bringen. „Liebe schafft Leiden", sagt der Volksmund, und er hat Recht. Denn die meisten Menschen machen die Erfahrung, dass Liebe weh tut. Manche ziehen sich daraufhin zurück, ziehen Grenzen, bauen Schutzmauern auf, legen die Sicherheitsleine zurecht, um nur ja nicht mehr und nie mehr wieder solches Leid erfahren zu müssen.

Andere stürzen sich in die nächste Liebe. Sie suchen das „passende" Wesen, dem sie die eigenen Sehnsüchte und Hoffnungen überstülpen können und das ihnen, endlich, das geben wird, dessen sie schon so lange bedürfen und das sie, wie vielleicht schon manches Mal zuvor, gefunden zu haben glaubten. Doch irgendwann stellen sie fest: Wieder nicht. Die Dinge wiederholen sich, wie ein Muster, das schon längst irgendwann früher gestrickt worden ist.

Wieder andere bleiben in ihren Beziehungen stecken, im Erleben einer mehr oder weniger starken Enttäuschung darüber, dass die Liebe immer weniger wird. Sowohl die eigene als auch die des anderen Menschen. Diese Erkenntnis erschreckt, wir wollen sie zunächst gar nicht wahrnehmen. Wir schauen nicht wirklich hin, wir konzentrieren uns auf anderes – Beruf, Karriere, Kinder, Haushalt, Geld – wir negieren, beschönigen und beruhigen uns: „Das ist halt so mit der Liebe, anderen geht es auch nicht besser, vielleicht wird es wieder anders." Wir hängen am Status quo und klammern uns an das, was noch besteht.

So unterschiedlich die Verhaltensweisen und Reaktionen der Menschen auf den Schmerz in Zusammenhang mit der Liebe aussehen mögen, ist ihnen doch eines gemeinsam: *Die Liebe fließt nicht mehr, sie ist nicht mehr im Fluss.* „Die Liebe ist ein Kind der Freiheit", behauptet Erich Fromm in der „Kunst des Liebens". Die Freiheit hat keine Grenzen, sie geht über alles Einengende, Abschirmende, Starre hinaus. Und so bedarf auch die Liebe, damit sie fließen kann, der Aufhebung der Blockaden und der Verstrickungen, um wieder zu ihrem Ursprung zurückzukehren: *der Bedingungslosigkeit.*

Wir sind als liebende Wesen auf die Welt gekommen. Wir alle werden als Liebende geboren. Wir sind Meister in der Liebe, wir wissen, wie Lieben geht, von Anfang an. Das Kind, das in eine bestimmte Familie hineingeborene Baby, liebt seine Mutter. Es liebt die Mama, egal wie diese aussieht, egal wie sie spricht und wie sie mit dem Kind umgeht. Das Kind fühlt sich ihr verbunden, ist völlig eins mit ihr. Diese Bindung führt zum Gefühl der Zugehörigkeit: Hier gehöre ich her, das ist mein Platz. Erfahren wird dieses Gefühl als Liebe, als eine bedingungslose Liebe, eine Liebe, die bereit ist alles zu geben. Wir nennen diese Liebe die Ursprungsliebe.

Doch der Kreis wird größer. Das Kind hat ja nicht nur eine Mutter, es hat auch einen Vater. Und hinter der Mutter und hinter dem Vater stehen wieder Eltern, und dahinter wieder Eltern, und dazu gibt es Geschwister, die anderen Kinder von Mama und Papa, und die Geschwister der Eltern und der Großeltern und so fort. Das Kind gehört zu einer Sippe, und zu dieser ganzen Sippe fühlt es sich zugehörig, es ist an sie gebunden und loyal.

Diese Vorgänge sind Prozesse, die im so genannten Emotionalkörper verankert sind. Das Kind „weiß" um diese Dinge kraft seiner Seele. In der Sprache der Psychologie sagen wir, es weiß es unbewusst.

Diese neue Erdenseele ist, weil Kind, nun vollkommen auf diese Menschen angewiesen, denen es zugehört. Es ist von ihnen abhängig und ihnen ausgeliefert. Doch ob das Kind in seiner Familie geliebt wird, geachtet, gefördert, oder ob es Gleichgültigkeit oder gar Ablehnung erfährt und dadurch vielleicht verkümmern muss, die Liebe des Kindes zu „seinen Menschen" bleibt. Die Hinbewegung des Kindes zu seiner Mutter, zu seinem Vater, kann aber auch unterbrochen werden, und häufig geschieht dies auch. Die Unterbrechung bedeutet aber nicht, dass die Liebe verloren geht. Die Liebe bleibt. Unterbrochen wird lediglich der Zugang zu ihr. Die Liebe kann nicht mehr gefühlt werden, sie wird überlagert, vielleicht durch Enttäuschung, Misstrauen, Wut oder Hass.

Die tiefe Sehnsucht des Kindes lautet: *Bitte Mama, zeig mir, dass du mich lieb hast, nimm mich wahr so wie ich bin, bestätige mich; bitte Papa, gib mir deine Aufmerksamkeit, lass mich erfahren, dass ich wichtig und wertvoll für dich bin, zeig mir deine Liebe.*

Die Erfahrungen, die das Kind nun in seiner Familie tatsächlich mit der Liebe macht, sind prägend. Wie reagieren die Eltern auf ihr Kind? Wie wird diese Liebe zum Kind gelebt und gezeigt? Wie gehen die Eltern miteinander um? Wie liebt die Mama den Papa und der Papa die Mama? Halten sie einander hoch, achten und respektieren sie sich, oder schieben sie sich gegenseitig Schuld zu und machen den anderen klein? Was denken die beiden über die Liebe? Was sagen sie über ihre eigenen Eltern, ist das liebevoll und akzeptierend oder lieblos und anklagend? Wie sieht die Liebe der Eltern zu ihren Geschwistern aus? Was ist mit den anderen Verwandten?

Über diese frühkindlichen Erfahrungen ist viel geschrieben worden, und sie sind Thema beinahe jeder Psychotherapie. Sie werden auch uns im vorliegenden Buch beschäftigen. Jedoch geht die Thematik der Liebe, die nicht mehr im Fluss ist, weit über jenen Bereich hinaus. Denn nicht nur die eigenen Erfahrungen und Erlebnisse im

Mutterleib, im Baby- und Kindheitsalter zählen, nein, auch die Schicksale der Menschen aus unseren Ursprungsfamilien und deren Leid und Schuld wirken auf uns Nachfolgende. So sind viele durch generationenübergreifende Verstrickungen an ihre Herkunftsfamilie gebunden. Diese Verstrickungen werden als äußerst leidvoll erfahren und hindern uns oftmals, den uns wirklich adäquaten und guten Platz im Leben zu finden. Doch nur das Unbewusste weiß um die Verstrickung, während sie unserem Bewusstsein verborgen bleibt. Die schwerwiegenden Auswirkungen in unserem Erwachsenenleben, in den sozialen Beziehungen, in den Partnerschaften, in unserem Berufsleben und auch in Bezug auf unseren Gesundheitszustand sind jedoch reales Faktum. Wir sind Spielball der jeweiligen Lebenssituationen, bis es gelingt, die Verstrickungen und deren Hintergründe zu erkennen.

Die Methode des Familienaufstellens nach Bert Hellinger leistet das – auch für TherapeutInnen – beinahe Unmögliche: Sie bringt die Dinge ans Licht, macht sie erfahrbar, verstehbar, fühlbar und ... führt zu Lösungen.

Der Vorgang ist einfach, so wie alles Wesentliche letztendlich einfach ist. Wir haben ein inneres Bild von unserer Familie. Das Unbewusste denkt in Bildern, das heißt die Sprache des Unbewussten ist das Bild. Wir erkennen das auch an unseren Träumen, die ja eine Abfolge von Bildern sind. Das innere Bild unseres Familiensystems bestimmt weitgehend unsere Gefühle, Gedanken und Handlungen. Wir liegen sozusagen in den Fesseln dieses Bildes, unserer inneren Inszenierung.

Die Methode des Familienaufstellens bringt dieses innere Bild nun zum Vorschein und lässt uns die etwaigen Verletzungen der systemischen Ordnung erkennen, ja mehr noch, wir spüren seelisch und körperlich deren Konsequenzen. In einem weiteren Schritt wird die Lösung gesucht. Sie zu finden, liegt in der Aufgabe der Therapeutin/

des Therapeuten. Das Ergebnis ist ein Lösungsbild, das aus den inneren Fesseln befreit, weil es den Ordnungen der Liebe entspricht. Die Teilnahme an Familienaufstellungen zeigt jedoch noch weiterführende Ergebnisse. Aus meinen langjährigen therapeutischen Erfahrungen und den Feed-backs der TeilnehmerInnen, die oft auch noch Jahre nach einer Familienaufstellung an mich herangetragen werden, lassen sich folgende Erkenntnisse ableiten:

- Wir können mehr Nähe zu Menschen, auch auf einer tieferen Ebene, herstellen

- Wir können besser zu uns selbst stehen und hören auf, uns in Frage zu stellen

- Wir können mehr Akzeptanz für die Schwächen und Fehler der anderen entwickeln

- Wir urteilen weniger über andere und verurteilen nicht mehr so schnell

- Wir können die Probleme und die Verantwortung nun leichter bei den dafür Zuständigen lassen und hören auf, uns fremde Schuld aufzuladen

- Andererseits fällt es uns nun leichter, die Verantwortung für unser eigenes Verhalten, unser Fühlen und Denken zu übernehmen

- Wir erkennen den Erwartungsdruck, den wir auf andere, meist auf die Kinder oder den/die PartnerIn ausgeübt haben und lernen, diesen zurückzunehmen

- Wir können das Ganze sehen lernen und es akzeptieren

- Unsere Intuition wird gestärkt, wir erleben ein gesteigertes Herankommen an das innere Wissen

- Unsere Spiritualität wächst

- Und letztendlich bekommen wir eine Ahnung von der Weisheit unseres Unbewussten.

2.

ZUR METHODE

Die Systemaufstellung ist in der Psychotherapie eine Methode der Diagnostik und der Lösungsversuche. Sie wird bei Familienkonflikten angewendet, kann aber selbstverständlich auch als eine sehr konstruktive Methode in Betrieben, Organisationen und Institutionen jeder Art erfolgreich Anwendung finden. Die Familie ist, wie jede Institution, ein System, und das bedeutet, dass die Mitglieder und ihre Beziehungen zueinander bestimmten Regeln unterliegen. Jeder im System hat auf alle anderen bestimmte Wirkungen, und zwar in gleicher Intensität. Mit anderen Worten: Wenn an einem Teil (einer Person) eine Veränderung geschieht, wirkt dies auf alle anderen Teile des Systems.

Die Rekonstruktion, ein anderer Name für Familienaufstellen, wurde sowohl aus dem systemischen Denken als auch aus dem Psychodrama heraus entwickelt und ist mit vielen berühmten Namen wie Moreno, Satir, Kantor, Duhl uvm. verbunden. Wer die Familienaufstellung letztendlich „erfunden" hat, ist nicht nachweisbar. Bert Hellinger hat vor diesem Hintergrund eine ganz spezifische Art der psychotherapeutischen Arbeit entwickelt, die weit über die bisher gebräuchlichen Formen der Psychotherapie hinausgeht. Seine Methode ermöglicht es, die unbewussten Verbindungen und Störungen und deren beeinträchtigende oder krankmachende Wirkung auf den Einzelnen aufzudecken. Der Weg der Lösung ist im Prinzip ausgerichtet auf die Versöhnung mit den Eltern und allen anderen Mitgliedern der Sippe und deren Anerkennung und Respektierung.

Bei den von mir abgehaltenen Familienaufstellungs-Seminaren ist die TeilnehmerInnen-Zahl nach oben hin mit maximal zwanzig beschränkt. Ein Seminar dauert drei bis vier Tage und bietet jedem der Teilnehmer die Möglichkeit, sein System aufzustellen. Zusätzlich zur eigenen Familienaufstellung kommen die TeilnehmerInnen zu Erfahrungen, die sie als Stellvertreter für andere machen. Es ist kein Zufall, in welche Rolle jemand hineinkommt. Es ist, als wenn von unsichtbarer Hand über das ganze Geschehen Fäden gezogen werden würden. So erfährt vielleicht ein Mann, der seine Frau betrügt, in der Rolle eines Betrogenen die andere Seite und gewinnt so Erkenntnisse. Oder ein jüngeres Geschwister kommt in die Rolle der Erstgeborenen, erlebt dessen Eifersucht und versteht dann die eigene ältere Schwester besser. Nicht immer sind die Themen so offensichtlich. Doch wenn man sich als Stellvertreter hinterher die Frage stellt: „Was hat das mit mir zu tun?" finden wir immer einen Zusammenhang.

Die TeilnehmerInnen haben in einer Vorphase einen Fragebogen zu ihrer Person bzw. ihrer Herkunftsfamilie ausgefüllt:

Wer gehört zur Ursprungsfamilie? Hatten die Eltern frühere Partner, gibt es Kinder aus anderen Verbindungen der Eltern? Sind Geschwister gestorben oder tot geboren? Haben Personen des Systems ein schweres Schicksal, zum Beispiel schwere Krankheiten, Behinderungen, Psychosen, früher Tod, Selbstmord, Suchtverhalten, finanzieller Ruin, Heimatverlust (Vertriebene, Flüchtlinge, Auswanderer), Kriminalität/Gefängnis, gibt es so genannte „schwarze Schafe"? Gibt es im System Geheimnisse, Mythen, Legenden, Tabus?

Ein Geneagramm kann zu besserer Übersicht verhelfen.

Erläuterung:

Die betreffende Person X ist das jüngste von vier Kindern. Das älteste ist ein Bruder, dann kommt als zweites eine Schwester und als drittes Kind noch eine Schwester. Der Vater des ersten Kindes war

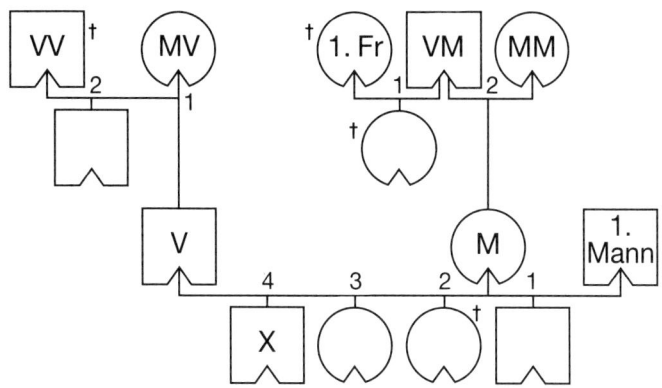

Legende:

O Zeichen für weiblich	□ Zeichen für männlich
M = Mutter	V = Vater
MM = Großmutter (Mutter der Mutter)	MV = Großmutter (Mutter des Vaters)
MV = Großvater (Vater der Mutter)	VV = Großvater (Vater des Vaters)

1,2,3,4 ... Geschwisterfolge   † = früher Tod   X = KlientIn

eine Jugendliebe, die Mutter hat diesen Mann nicht geheiratet. Trotzdem ist er der erste Mann, denn unsere gesetzmäßigen Regelungen über Ehe und Heirat sind für das Sippenbewusstsein nicht relevant. Der Großvater mütterlicherseits hatte eine erste Frau, die bei der Geburt eines Mädchens mit dem Baby gestorben ist. Mit der zweiten Frau (Großmutter mütterlicherseits) hat der Großvater wieder eine Tochter (M). Der Vater ist der Älteste von zwei Söhnen. Sein Vater (Großvater väterlicherseits) ist im Krieg mit 38 Jahren gefallen.

Ein Geneagramm kann schon für den Klienten relevante Fakten aufzeigen. In unserem Beispiel können relevant sein: der erste Mann der Mutter, die tote ältere Schwester, die erste Frau des Großvaters und die bei der Geburt verstorbene Tante, der im Krieg gefallene Großvater. Sie alle könnten auf das Schicksal von X eine Wirkung haben mit negativen Folgen. Ob dem tatsächlich so ist, wird erst die Aufstellung und die darin sich entwickelnde Dynamik aufdecken.

Durch die Auseinandersetzung der TeilnehmerInnen mit dem Fragebogen wird noch eine weitere Wirkung erzielt: Bei der bewussten Beschäftigung mit dem Familiensystem wird oft erst die Existenz der Wurzeln und deren Tragweite für das eigene Dasein als eine wesentliche Realität erkannt.

Die Aufstellung selbst ist ein Akt der inneren Sammlung. Die aufstellende Person wählt sich aus dem Kreis der TeilnehmerInnen jeweils einen Stellvertreter für die einzelnen Familienmitglieder und stellt diesen nach ihrem Gefühl, sozusagen aus dem Bauch heraus, auf den Platz, an dem sie ihn in ihrem Inneren sieht/fühlt/spürt. Zuletzt wählt sie auch für sich selbst einen Stellvertreter, der ihren Platz in der aufgestellten Familie einnimmt. Die aufstellende Person zieht sich sodann zurück, setzt sich nieder und beobachtet das Geschehen.

Ein wichtiger Fakt, um die Aufstellung übersichtlich zu gestalten, ist, dass selbstverständlich nicht alle Personen des Familiensystems aufgestellt werden. Man beginnt beim Kern, der kleinsten Einheit, das sind in der Regel die Eltern und die Kinder, und ergänzt dann nach und nach nur die Personen, die zur Lösung gebraucht werden. Das können, wie erwähnt, jene sein, die ein schlimmes Schicksal hatten oder denen von Mitgliedern des Systems Unrecht getan wurde, oder die beispielsweise ausgeschlossen, verdrängt, verachtet oder vergessen worden sind.

Aus der Aufstellung des Teilnehmers wird für den/die TherapeutIn schon einiges ersichtlich. Aufgrund dieser Wahrnehmung werden die einzelnen Stellvertreter nun nach ihren Gefühlen bzw.

Körperwahrnehmungen gefragt: „Wie geht es dir? Was nimmst du wahr? Was spürst du?" Die TeilnehmerInnen erleben jetzt nicht ihre eigenen Gefühle, sondern die der Personen, deren Platz sie einnehmen. Das ist für Neulinge in diesem Metier immer wieder erstaunlich. Wie kann das sein? Wie gibt es das, dass ich Reaktionen wahrnehme, die nicht die meinen sind?

Hellinger erklärt es so: „Wir haben Anteil an einer gemeinsamen Seele ... unsere so genannte Seele verbindet uns mit einer größeren Seele. Sie verbindet uns mit unserer Familie und, über die Familie hinaus, mit dem, was ich die große Seele nenne. In ihr sind alle mit allem verbunden; und zwar wissend. Wir wissen es. Wir haben dieses teilnehmende Wissen. In den Familienaufstellungen kommt dieses Wissen zum Tragen. Und zwar in den Teilnehmern und vor allem im Therapeuten, wenn er das zulässt." [1]

Therapeuten orientieren sich selbstverständlich nicht nur an den Mitteilungen der Stellvertreter, sondern nehmen auch nonverbale Signale wahr: Wo sieht ein Stellvertreter hin und wie macht er das? Gibt es Veränderungen in Körperhaltung, Gesichtsausdruck, Bewegungen, im Hautwiderstand des Gesichts, Veränderungen der Gesichtsfarbe?

Durch die therapeutische Maßnahme des Umstellens können Verstrickungen erkennbar gemacht werden und durch weitere Interventionen, die nach den Regeln der Einhaltung der systemischen Ordnung erfolgen, zu Lösungen führen. Wenn das „richtige" Bild erkannt ist, das heißt eine Aufstellung entstanden ist, die den systemischen Regeln entspricht, wird der Stellvertreter jener Person, die den Aufstellungsprozess macht, herausgenommen, und der Klient, die Klientin selbst stellt sich jetzt in die „richtige" Familienaufstellung hinein. Sodann werden die lösenden, die erlösenden Sätze gesprochen.

---

1) Neuhauser, J. (Hg.): Wie Liebe gelingt. Die Paartherapie Bert Hellingers, S. 323

Das Ideal ist eine Aufstellung, in der sich alle Familienmitglieder wohlfühlen, oder, wenn dies nicht möglich ist, doch zumindest einen besseren Platz im System bekommen, als dies vorher der Fall war.

Meine Erfahrungen mit der Methode des Familienaufstellens haben mich dazu geführt, aufbrechende Gefühle der TeilnehmerInnen zuzulassen und den Prozess des Ablaufs – Entstehung, Veränderung und Auflösung – in die Familienaufstellung einzubauen. Dies ist nicht immer der Fall oder nötig, doch wenn dies geschieht, darf und soll es sein. Die meisten Menschen haben Angst vor ihren eigenen Gefühlen und versuchen stets, die Dinge im Kopf zu lösen. Dass Gefühle „schwierig, schlecht, inakzeptabel" sind, ist oftmals unsere Kindheitserfahrung. Die Erwachsenen haben es uns damals so eingeredet. Wenn sich nun ein Zugang zu den Gefühlen auftut, dann soll er genützt werden. So kann die Aufstellung auch ein Vehikel dafür sein, über das Zulassen der Kindergefühle eine neue Erfahrung von Gefühlserleben zu machen, mit anderen Worten, im Prozess eine Wandlung (Reifung) des Gefühls zu erleben und im wahrsten Sinne des Wortes erwachsen zu werden.

Wenn die Aufstellung vollzogen ist, muss nichts mehr getan werden. Wir wissen, sei es bewusst oder unbewusst oder beides, wie die Dinge liegen und um was es geht. Unsere Ratio darf sich ausruhen, Grübeleien sind nicht mehr nötig, im Gegenteil. Die Integrationsphase, in der wir uns dann befinden, erfordert Ruhe und Gelassenheit. Wenn wir in unserem Garten Samen aussäen, dann genügt es, abzuwarten. Die Sonne, der Regen werden das Ihre tun, aus den Samen Blumen wachsen zu lassen. Kommen wir jedoch in Versuchung, den Samen immer wieder auszugraben, um zu sehen, ob sich da schon etwas tut, vernichten wir das, was wir vorher geschaffen haben. So ist es mit den Grübeleien, dem Herumstochern in alten Problemen und dem neuerlichen Aufwühlen vergangener Dinge. Es gilt, das neue Bild der Familie im Herzen zu tragen, dort ist es gut aufbewahrt.

Zusätzlich hilfreich ist die Visualisierung eines Zukunftsbildes, in dem sich die betreffende Person selbst sieht, *zufrieden, glücklich, strahlend, erlöst, gesund* – was auch immer die Zielvorgabe für sie ist –, und dieses Bild auf den Himmel zu projizieren. Dort wird das Bild dann in eine rosarote Seifenblase eingeschlossen. Wir lassen die Seifenblase mit unserer Vision ziehen, sie schwebt nun durch das Universum und zieht dort alle Kräfte und Energien an, die notwendig sind, die Vision zu erfüllen.

Menschen, die ihre Aufstellung gemacht haben, sollte man hinterher in Ruhe lassen. Man sollte ihnen keine Fragen stellen, sie nicht mit eigenen Wahrnehmungen überfallen und löchern. Dies gebieten uns der Respekt und die Achtung vor dem anderen und ein tieferes Verstehen dieses Menschen, als es uns vorher auch nur ansatzweise möglich war.

3.

DAS SYSTEM FAMILIE

3.1 SOZIOLOGISCHE ORDNUNGEN

Der Mensch ist von Natur aus Glied einer Ganzheit, nämlich einer Familie (Sippe). Und die Stellung, die das Kind in dieser Familie hat, bestimmt weitgehend darüber, ob ihm später seine Beziehungen, seine Arbeit, sein Beruf und sein Leben gelingen oder nicht. Soziologische Untersuchungen zeigen, dass zum Beispiel politische Einstellungen, religiöse Anschauungen, berufliche Neigungen, aber auch die Wahl des Ehepartners oder des Freundeskreises von dieser unserer ersten Gruppenzugehörigkeit abhängen. Dies trifft sowohl in einer Annahme zu (das heißt so werden wollen wie mein Vater, mein Opa, meine Mutter etc.) als auch im Gegenteil, in der Ablehnung (nur ja nicht so werden wollen wie diese) und der dadurch gestalteten Lebensform.

Als Antwort auf die Frage *„Warum verhalten sich Menschen so, wie sie sich verhalten?"* sind in den vergangenen Jahrzehnten im Wesentlichen zwei Denkrichtungen entstanden. Die eine behauptet, unser Verhalten werde durch biologische Fakten bestimmt und sei in unseren Genen angelegt, die andere stellt fest, dass unser Verhalten das Ergebnis dessen ist, was wir gelernt haben und daher mit dem Umfeld zusammenhängt, in dem wir aufwachsen.

Im Sinne eines Entweder-Oder lässt sich diese Frage aber nicht beantworten. Sowohl die Lerntheoretiker als auch die Vertreter der Erbtheorie können dazu auf buchstäblich Tausende von Untersuchungen verweisen, die ihre Annahmen bestätigen. Der Soziologe Pastore[2] hat auf die interessante Erscheinung aufmerksam gemacht, dass die politischen Einstellungen der Wissenschaftler (Psychologen, Biologen, Mediziner), die sich diesem Thema in wissenschaftlicher Weise gewidmet haben, mit deren Ergebnissen in Zusammenhang stehen. Die Vertreter des Erbstandpunktes hingen konservativen oder rechten Ideologien an, die des Milieustandpunktes vorwiegend liberalen oder linken. Dies zeigt, dass wir alle, auch die Wissenschaftler, nicht davor gefeit sind, das zu sehen, was wir sehen wollen. Erst wenn wir die so genannte „Objektivität" der Wissenschaft bezweifeln, können wir selbstkritisch genug sein, unsere eigene Subjektivität immer wieder auf den Prüfstand zu stellen.

Die Frage im Sinne eines Entweder-Oder ist für den Soziologen daher einfach falsch gestellt, denn der Mensch kommt natürlich mit einer „Ausstattung" in diese Welt, die ein Riesenspektrum an Möglichkeiten enthält; ob und wie diese Möglichkeiten sich aber entwickeln können oder dürfen, wird beeinflusst oder sogar bestimmt von dem, was dieser Mensch in seiner Familie und Umwelt vorfindet.

Selbstverständlich findet Prägung schon sehr viel früher statt, im Mutterleib, während der Schwangerschaft, und nicht erst nach der Geburt. Das Kind fühlt die Gefühle der Mutter, es kann die Freude, die Angst spüren, natürlich auch die Ablehnung der Mutter oder deren Annahme. Zum Beispiel „weiß" das Kind im Mutterleib, ob es willkommen ist oder nicht gewollt oder sogar in Lebensgefahr.

Der Ablauf der Geburt und die Bedingungen, unter denen sie stattfindet, wirken prägend auf das spätere Leben dieses Kindes ein. Jede Phase des Geburtsvorganges (Eröffnungsphase, Austreibungsphase und Schlussphase = Trennung von der Mutter) beeinflusst die zukünftige seelische Struktur des Kindes. Die Geburt ist

---

2) Pastore, N: The nature-nurture controversy, S. 466

nicht nur für die Mutter Schwerarbeit, sie ist es auch für das Kind. Und so, wie die meisten Gebärenden an einen Punkt kommen, wo sie glauben, es nicht mehr schaffen zu können, so erleben auch die Babys Augenblicke des physischen Vernichtungsgefühls mit allen Gefühlen der emotionalen Katastrophe. Doch wird jedes Trauma dadurch aufgelöst, dass das geborene Kind als erstes in die Hände seiner Mutter fällt und von diesen aufgefangen wird. Dies geschieht in unserer „modernen Gebärwelt" jedoch oft nicht. Leboyer, ein französischer Arzt, dem wir ein Umdenken unserer Gynäkologen zumindest in einigen Bereichen verdanken (Rooming-in, Dabeisein der Väter bei der Geburt, das Baby wird nach der Geburt auf den Bauch der Mutter gelegt – das sind „Errungenschaften", die frühere Generationen von Müttern leider noch nicht erleben durften), hat bei seinen Aufenthalten in Uganda und Kenia erfahren, dass die Mütter ihre Babys in der Hocke gebären, diese mit ihren Händen selbst in Empfang nehmen, abnabeln, reinigen, massieren und streicheln. Das Band zwischen Mutter und Kind ist so natürlich und liebevoll, dass das Neugeborene keine Angst erfahren muss.

Leboyer seinerseits war in Uganda und Kenia, um eine Veröffentlichung von Geber[3] zu überprüfen, worin dieser publizierte, dass Säuglinge, die in diesen Ländern geboren wurden, um einiges besser entwickelt waren als europäische Babys. Die Babys begannen bereits vier Tage nach der Geburt zu lächeln, was unsere Babys erst zehn bis zwölf Wochen nach der Geburt tun. Der Anteil des Adrenalin im Blut (ein Zeichen für Stress, daher tritt es beim Geburtsvorgang auf) normalisierte sich bei den afrikanischen Babys ebenfalls vier Tage nach der Geburt völlig; im Vergleich dazu stellte man bei den europäischen Babys noch zweieinhalb Monate lang einen erhöhten Adrenalinspiegel fest.

---

3) Geber G., in: Grof Stanislav: Auf der Schwelle zum Leben

Geber fand nicht nur lächelnde Neugeborene vor, sondern auch Kinder, die mit zwei Tagen sitzen konnten und schneller und besser lernten als die Kinder der zivilisierten Welt. Leboyer sieht in der technisierten Klinikgeburt eine Zeitbombe, die sich auf das gesamte Leben des Menschen auswirkt.

Die Beschäftigung der Soziologie mit dem Kind als Teil der Familie befasst sich zielgerichtet jedoch erst mit dem Zeitpunkt der Geburt, dem Hineingeborenwerden in diese bestimmte Gruppe von Menschen. Alles, was diese Menschen jetzt tun, wie sie handeln, was sie sagen und was sie denken und fühlen, all das nimmt das Kind in sich hinein, es saugt es gleichsam wie ein Schwamm in sich auf und macht es zu seinem Eigenen. Diesen Vorgang nennen wir Sozialisation.

Der Prozess der Sozialisation setzt sich später fort, im Kindergarten, in der Schule, bei Freunden, Nachbarn, Bekannten und in allen möglichen Institutionen, mit denen wir in Kontakt kommen. Doch nie mehr ist die Sozialisation so prägend, so ausschließlich, wie in den ersten drei Jahren. Die bestehenden Gedankenmuster, Vorstellungen, Regeln, Normen, Werte werden dabei übernommen und dermaßen integriert, dass sie später als die eigenen empfunden werden. Dieser Vorgang ist dem Kind völlig unbewusst. Wenn wir erwachsen sind und, beispielsweise am Arbeitsplatz, „sozialisiert" werden, indem wir uns die Regeln und Vorstellungen dieses Umfeldes aneignen, ist uns dieser Vorgang gelegentlich einmal, jedoch selten bewusst. Die meisten Menschen nehmen die Fremdbeeinflussung nicht wahr.

Der Sozialisierungsprozess lässt sich aber beobachten, demonstrieren und vergleichen. Dem so genannten „gesunden Menschenverstand" ist das wohlbekannt, wird aber bewusst von den wenigsten begriffen. So weiß jeder, dass zum Beispiel Gastarbeiter oder Angehörige anderer Schichten oder anderer Berufsgruppen Ansichten haben, die recht verschieden von den eigenen sind. Das erschüttert aber im Allgemeinen keineswegs den Glauben, dass die eigenen Verhaltensweisen richtig und gut sind. Diese eigenen Ansichten werden den Kindern wieder mitgegeben ohne darüber nachzudenken, ohne die Zusammenhänge zu erkennen, ohne objektive Prüfung.

Diese Erkenntnisse zeigen die Widersprüchlichkeit jener Anschauungen auf, die die unveränderlichen Eigenschaften der Psyche festzustellen versuchen, wie es zum Beispiel die Verhaltensforschung macht, soweit sie nach „angeborenen" Strukturen sucht.

Die Sozialisation des Menschen und damit die Beeinflussung seiner Persönlichkeit durch Außeneinflüsse hört nie auf. Sie läuft in den ersten Jahren vorwiegend über die Eltern, Geschwister, Großeltern, später über Kindergartentanten, Lehrer, Vereine, Freunde, Idole, Idealfiguren der Gesellschaft und, in einem extremen Maße, über die Medien. Sie ist ein Wechselspiel zwischen individuellem Bewusstsein und kollektiven Vorstellungen. Das, was wir oft vermeintlich als die innere Stimme des Gewissens bezeichnen, ist sozial geformt und ist die Stimme einer sozialen Gruppierung, der wir angehören. So sprechen wir auch vom „nationalen" Gewissen, vom „Gewissen als Arzt", „als Polizist", „als Christ", „als Ehefrau und Mutter" usw. Wir sprechen auch von gewissenlosen Menschen, die, womöglich ohne Schamgefühl, gegen die Regeln ihrer sozialen Gruppe verstoßen. So hat etwa eine Bäuerin ein schlechtes Gewissen, wenn sie an einem Wochentag im Liegestuhl in der Sonne liegt und womöglich dabei von den Nachbarn gesehen werden könnte. So hätte die moslemische Frau ein schlechtes Gewissen, wenn sie ohne Kopftuch und ohne Begleitung allein in ein öffentliches Lokal ginge; die Übergewichtigen, wenn sie nicht Sport treiben; der Ehemann, wenn er erst am frühen Morgen nach Hause kommt; die Mutter, wenn sie um eines Vergnügens willen ihre Kinder in fremde Obhut gibt und, und, und ...

Diese Beispiele könnten ohne Ende aufgezählt werden, doch zeigt dieser Mix, dass das Gewissen nichts mit dem inneren Wesen des Menschen zu tun hat, sondern gesellschaftlich gesteuert ist. Mit anderen Worten: Dieses „Gewissen", das sich meist als ein „schlechtes" oder auch als ein „gutes" zeigt, auf jeden Fall aber ein Werturteil ist, hat nichts mit dem zu tun, was wir unsere Intuition nennen. Da die Intuition kein Thema der Soziologie ist, werden wir uns diesem Aspekt in einem späteren Kapitel zuwenden.

Alle menschlichen Gesellschaften kennen eine Form der Familie. Das ist gegenwärtig der Fall und war auch so in allen vergangenen Kulturen. Die Formen praktizierten Familienlebens sind vollkommen unterschiedlich, jedoch handelt es sich immer um jene Institution, in der das hilflose Neugeborene ernährt, beschützt und zum Erwachsenen herangezogen wird, ob Großfamilie, Kleinfamilie, Kernfamilie oder anderes. Diese Institution ist für das Hervorbringen, Aufziehen und Vorbereiten des Nachwuchses verantwortlich, von der Steinzeit bis zum Atomzeitalter, vom Osten nach Westen und vom Nordpol zum Südpol.

Die Ehe ist in irgendeiner Form fast immer Bestandteil der Familienorganisation und lässt sich als dauerhafte Beziehung zwischen Frau und Mann definieren, in der sie mit sozialer Billigung Kinder haben und aufziehen können. Ein Paar ohne Kinder ist im soziologischen Sinne noch keine Familie, denn dazu muss das Kriterium „mindestens zwei Generationen" erfüllt sein. Mögen auch die einzelnen Elemente der Vorstellung von Ehe oder Lebensgemeinschaft von Gesellschaft zu Gesellschaft variieren – immer ist es die Gesellschaft, die die Regeln dafür aufstellt, wer unter welchen Umständen heiraten darf, welches die Rechte und Pflichten der Partner sind, und ob und wie sich die beiden wieder trennen können. Die mancherorts verbreitete Vorstellung, in früherer Zeit hätten die Menschen in Promiskuität gelebt, widerspricht allem, was die Soziologie und Anthropologie vom Prozess der menschlichen Entwicklung wissen. Das soziale Leben der Menschen ist immer sozialen Normen unterlegen.

Im Hinblick auf Beziehungsmuster zwischen Frauen und Männern wird grundsätzlich zwischen Monogamie und Polygamie unterschieden. Unter Monogamie verstehen wir die Ausrichtung auf einen Partner, unter Polygamie auf mehrere Partner zur gleichen Zeit. Beide Formen können auf Lebenszeit gewählt sein oder temporal. Die Monogamie ist das in unserer westlichen Kultur zulässige Modell, wobei die Idealvorstellung in der lebenslangen Monogamie liegt. Wenn Frau und Mann sich verlieben und beschließen, miteinander leben zu wollen, dann ist stets der Wunsch da, es möge halten und dazu führen, mit dem Partner gemeinsam alt zu werden.

Die Realität sieht anders aus. In den Städten wird gegenwärtig jede zweite und auf dem Land jede dritte Ehe geschieden. Diese Erfahrungen führen die Menschen nun aber nicht in die Verweigerung der Partnerschaft bzw. zum Herunterschrauben der eigenen hohen Erwartungen, was zumindest einer gewissen Logik entspräche, nein, die Menschen steigern sogar ihre Erwartungen an einen Partner. Was kann der Grund für diesen Anachronismus sein?

Wir können feststellen, dass die Erwartungen, die an einen neuen Partner gestellt werden, nach einer kaputtgegangenen Beziehung höher sind als vorher. Des weiteren steigt diese Erwartung nach jeder weiteren geplatzten Zweierbeziehung. Wir stecken nicht zurück, sondern hoffen, dass der/die Neue in unserem Leben uns jetzt endlich all das gibt, wonach wir uns sehnen und uns zusätzlich noch die Wunden leckt, die wir erlitten haben. Wir erwarten, dass der neue Partner das wiedergutmacht, was der vorherige uns angetan hat oder uns schuldig geblieben ist, und wir glauben generell, dass der andere für unser Glück verantwortlich ist. Ja, wie selbstverständlich sagen wir „du machst mich glücklich" oder „du machst mich unglücklich". Wenn es uns schlecht geht, liegt es also am anderen. Der/die Neue muss besser sein als der/die Alte, warum hätten wir den Vorherigen denn sonst verlassen sollen? Welch ein Dilemma, wenn auch der andere mit dermaßen hohen Erwartungen an uns herantritt und jetzt zwei Menschen zusammengekommen sind, die vom Partner die Erfüllung all ihrer eigenen Sehnsüchte und Bedürfnisse erwarten!

Woher kommt es, dass wir uns in einer solchen Spirale bewegen, die eine dauerhafte zufriedene Beziehung immer unwahrscheinlicher macht? Die Lösung für unser Verhalten finden wir in den Kindheitserfahrungen. Als Kind hätten wir die ausschließliche Liebe gebraucht, die Erfahrung, dass wir so geliebt werden wie wir sind, ohne Wenn und Aber. Das Kind ist völlig hilflos und vollkommen davon abhängig, was die Eltern (oder deren Ersatz) ihm geben. Jedes Wort, jeder Gesichtsausdruck, jede Geste, jede Handlung der Eltern ist für das Kind eine Botschaft, die auf seinen Selbstwert zielt. Nur die bedingungslose und nicht besitzergreifende Liebe vermittelt dem Kind das Gefühl *in Ordnung* zu sein, *richtig* zu sein, eine unabdingbare Voraussetzung für die Entwicklung von Selbstachtung und Selbstvertrauen. Stattdessen sagen die Eltern „sei lieb, sei brav, sei nett, sei bequem", dann mag ich dich, aber wenn du böse bist, dann will ich nichts mit dir zu tun haben, „geh in dein Zimmer, geh mir aus den Augen, die Mami hat dich *so* nicht lieb". Die Botschaft lautet: Nur wenn du so bist, wie ich (wir) dich haben will (wollen), bist du der Liebe würdig.

Die tiefe Sehnsucht des Kindes, als das Wesen geliebt zu sein, das es ist, mit allen Eigenheiten und auch allen Ecken und Kanten, diese tiefe Sehnsucht wird meist nicht erfüllt. Und so tragen wir diese tiefe, unerfüllte Sehnsucht weiter ins Leben und projizieren sie auf die kommenden möglichen Lebenspartner. Die Zeit des Kindes ist jedoch unwiderruflich vorbei, und das, was wir damals nicht bekommen haben, können wir uns nie mehr wieder holen.

Partnerschaftliche Liebe heißt Ausgleich im Geben und Nehmen. Wenn ich vom anderen bedingungslos geliebt werden möchte (damit sich meine Sehnsucht erfüllen kann), dann muss auch ich den anderen bedingungslos lieben (damit sich seine Sehnsucht erfüllen kann), und das bedeutet, dass ich den anderen liebe wie er ist, ohne Erwartungen: „Du musst dich nicht ändern, du musst dein Verhalten nicht meinen Wünschen und Vorstellungen anpassen." Doch gerade damit tun wir uns schwer. Wir haben ja nicht das bedingungslose Lieben von unseren Eltern gelernt, wir haben die Liebe der Bedingungen erfahren.[4]

Kehren wir wieder zur Idealvorstellung unserer Gesellschaft zurück, mit **einem** Menschen eine lebenslange Beziehung leben zu können, der so genannten lebenslänglichen Monogamie[5], die sich in unserer Zeit für viele zur temporalen Monogamie gewandelt hat. Mehrere Partner zu haben, ist bei dieser Form nur im Sinne eines Nacheinander gestattet. Eine Scheidung der vorherigen Verbindung ist für das Eingehen einer neuen Lebensgemeinschaft notwendig. Hollywood hat es uns vorgelebt und die Weichen für die Zukunft gestellt. Für die kommenden Generationen werden vier bis fünf Ehen in einem durchschnittlichen Menschenleben prognostiziert. Jede Verbindung wird etwa sieben bis zehn Jahre dauern, und die Kinder aus diesen Beziehungen werden in den neugebildeten Familien verteilt werden. Wir haben heute schon die Ausdrücke „Lebensabschnittspartner" und „Patchwork-Familie" geprägt.

---

4) Eine Liste der negativen (Liebe mit Bedingungen) bzw. positiven (bedingungslosen) Liebe aus dem Buch von B. Hoffman: „Entfaltung der Liebe", S. 44, findet sich im Anhang.

5) Die Monogamie ist nicht zu verwechseln mit der sexuellen Treue, wenngleich sie auch von den meisten Menschen gewünscht wird, zumindest was das Verhalten des Partners betrifft, wovon das eigene Verhalten oft abweichen mag. Monogamie bedeutet lediglich, dass die Ehe (Lebenspartnerschaft) ausschließlich mit einer Person geschlossen wird. Die Ehe zweier untreuer Partner ist daher ebenfalls monogam, wir können lediglich sagen, in ihrem Sexualleben verhalten sie sich nicht monogam.

Bei Umfragen zeigt sich aber eindeutig, dass diese Entwicklung nicht als Ziel angestrebt wird. Dennoch weisen die Zahlen in diese Richtung.

In unserer Kultur war die Großfamilie bis zur Jahrhundertwende die vorherrschende Familienform, während wir heute von der konjugalen Kernfamilie sprechen. Das ist eine Familie, die nur aus dem Paar und dessen Kindern besteht, ein Schrumpfergebnis der Großfamilie, zu deren Wohn- und Arbeitsgemeinschaft Großeltern, Urgroßeltern, unverheiratete Tanten und Onkel, Vettern und deren Kinder und auch entferntere Verwandte gehörten. Viele Familien leben heute in einem nicht mehr zu unterbietenden Minimum, nämlich dann, wenn nur ein Elternteil als Alleinerzieher mit einem Kind oder den Kindern zusammenlebt.

Einerseits hat das soziale Gebilde Familie immensen Funktionsverlust gegenüber der einstigen Großfamilie zu verzeichnen. Diese war eine Produktionsgemeinschaft im Gegensatz zur Konsumgemeinschaft heute. Die Wissensvermittlung geschah früher in der Familie (die Kinder lernten von ihren Eltern oft auch die Berufsausübung, wie man es in bäuerlichen Familien heute noch sehen kann), heute ist sie zur Gänze auf den Staat übertragen. Die soziale und religiöse Erziehung ist etwas, was in den meisten Familien nicht mehr stattfindet bzw. wovon von den Eltern erwartet wird, es möge in den Schulen stattfinden. In rechtlicher Hinsicht sind die Funktionen weitgehend verloren bzw. ebenfalls auf den Staat übertragen.

Andererseits soll diese verkleinerte und geschrumpfte Familie die fundamentalen Bedürfnisse von Liebe und Geborgenheit ihrer Mitglieder erfüllen und decken wie niemals zuvor. Ja, die Kernfamilie ist geradezu *der* Ort geworden, an dem alle diese emotionalen Bedürfnisse befriedigt werden und an dem der Frust aufgefangen werden soll, den sich jeder – Vater, Mutter, Kinder – von der sozialen Welt draußen mit nach Hause nimmt.

Auch hier lässt sich feststellen: Die hohen emotionalen Erwartungen an die Eltern machen enttäuschungs- und krisenanfälliger. Aus dieser Überforderung erwächst die Instabilität der Kernfamilien.

Neueste statistische Daten über die Familie zeigen, dass

- Ehen, in denen einer der Partner geschiedene Eltern hat, $1^{1}/_{2}$-mal häufiger scheitern als Ehen zwischen Partnern mit nicht geschiedenen Eltern;
- wenn beide Partner Scheidungskinder sind, die Scheidungsrate bei ihnen $2^{1}/_{2}$-mal so hoch ist;
- ehemalige Scheidungskinder häufiger Beziehungen zu anderen Partnern haben (bevor sie heiraten) und schneller feste Beziehungen eingehen;
- die Scheidungsgefahr steigt, wenn ein Partner schon einmal verheiratet war, desgleichen wenn es keine gemeinsamen Kinder gibt und kein gemeinsames Wohnungseigentum.

Als Stabilitätsfaktoren für dauerhafte Ehen (Beziehungen) gelten:

- gemeinsame Wohnraumbeschaffung;
- Partner aus Familien, in denen es keine Scheidungen der Eltern gab;
- Partner, die noch nicht verheiratet oder in eheähnlicher Bindung waren;
- kirchliche Eheschließung;
- Kinder, wobei das Trennungsrisiko mit dem ersten Kind um 25 Prozent sinkt. Nach dem dritten Kind erhöht sich das Risiko wieder exponential;
- jedes Jahr, das die Frau bei der Eheschließung oder Haushalts-

gründung älter ist, verringert das Trennungsrisiko um 7 Prozent. Das Alter des Mannes hingegen hat keinen Einfluss auf die Trennungswahrscheinlichkeit.

- Männer praktizieren häufig die serielle Elternschaft. Das heißt, ihr Engagement für die Kinder beginnt und endet mit der Beziehung zur Frau/Mutter der Kinder. Sie halten die Bindung zu den Töchtern eher aufrecht als zu den Söhnen. Bekommen sie in einer neuen Beziehung Kinder, hört die Beziehung zu den früheren Kindern oft ganz auf.[6]

Ein weiteres Definitionsschema für Familienformen unterteilt in

1. Natürliche Familien: Mehrkind-, Einkindfamilien, Alleinerzieher

2. Gemischte Familien: Stief-, Adoptions-, Pflegeeltern und Stief-, Adoptions- und Pflegekinder

3. Institutionelle Familien: Heime, Kommunen, Kinderdörfer, Erwachsenengruppen.

Virginia Satir, eine der wohl großartigsten FamilientherapeutInnen, teilt die Familien, egal ob natürlich, gemischt oder institutionell, nach ihren Auswirkungen auf ihre Mitglieder, insbesondere die Kinder, ein, und spricht von nährenden und nicht-nährenden Familien.

Nährende Familien sind demnach solche, in denen alle Mitglieder die gegenseitige Botschaft haben, dass menschliche Gefühle wichtiger sind als alles andere. Die Eltern betrachten sich als Ratgeber und nicht als autoritäre Oberhäupter. Diese Eltern wissen, dass ihre Kinder nicht absichtlich böse sind. Sie wissen auch, dass das Leben natürlicherweise Probleme mit sich bringt. Sie sind für kreative

---

6) Satir, V.: Kommunikation , Selbstwert und Kongruenz

34

Lösungen aufgeschlossen. Die Mitglieder wissen und akzeptieren, dass sich alles wandelt und es keinen Stillstand gibt. Satir geht davon aus, dass Gefühle des Selbstwerts sich nur in einer Atmosphäre entfalten können, in der individuelle Unterschiede gewürdigt werden, Liebe offen ausgedrückt wird, Fehler in Ordnung sind und als Lernchance erkannt werden und wo offen kommuniziert wird.

Die nicht-nährende Familie ist dagegen jene, in der die genannten Faktoren fehlen und wo versucht wird, die Probleme erst gar nicht aufkommen zu lassen. Dort, wo aus Harmoniesucht eine heile Welt aufrecht erhalten wird, kommt es zu Energieverlust und schwindender Lösungskraft.

Jede Familie ist ein Beziehungsgeflecht. Wird dem Elternpaar ein Kind geboren, entsteht nicht nur ein Dreieck, sondern drei Dreiecke. Ein Dreieck besteht immer aus einem Paar und einer zusätzlichen Person. Und weil immer nur zwei Personen zu einem bestimmten Zeitpunkt zueinander in Beziehung treten können, ist einer jeweils außenstehend. Der Außenstehende (Beobachtende) steht immer vor der Wahl

1. sich zurückzuziehen,
2. in die Beziehung störend einzugreifen,
3. die beobachtete Beziehung zu unterstützen.

Welche Rolle gewählt wird, ist für das gesamte Familien-Beziehungsnetz wesentlich.

Sich in einer Dreiecks-Beziehung wohlfühlen zu können, setzt ein gutes Gefühl gegenüber sich selbst voraus: *Ich stehe auf meinen Füßen, ohne mich anlehnen zu müssen. Ich kann warten, ohne mich missachtet zu fühlen. Ich kann mich ehrlich und klar verbal ausdrücken, dem anderen mitteilen, wie ich fühle und denke, ich halte negative Gefühle nicht zurück und fresse sie nicht in mich hinein.*

Habe ich ein geringes Selbstwertgefühl, erlebe ich als Außenstehender Verletztheit, Wut oder Scham. Erst dadurch entstehen die Probleme.

Jedes Mitglied hat ein eigenes Bild über das Wesen der Familie und über die einzelnen Personen. Alle diese unterschiedlichen Bilder sollten irgendwie zusammenpassen. Wird das erkannt, tritt eine große Entlastung ein. Wir hören auf, die Dinge zu steuern oder zu kontrollieren. Wir können das Geschehen nun einfach interessiert beobachten und kreative Möglichkeiten suchen, das Zusammenleben zu verbessern. Wir können versuchen, Möglichkeiten zu finden, wie wir am Geschehen teilnehmen oder die anderen beobachten können, ohne das Gefühl zu bekommen, unwichtig zu sein.

3.2 UNIVERSELLE ORDNUNGEN

In menschlichen Beziehungen gelten gewisse Ordnungen. So wie die Natur als ein System einer Ordnung unterliegt, so ist auch der Mensch in eine systemische Ordnung eingebunden. Dies gilt generell und im Besonderen für die so genannten Ursprungsbeziehungen, also Beziehungen zwischen Frau und Mann und zwischen Eltern und Kindern. Auf diesen Beziehungen bauen alle anderen Verbindungen zwischen Menschen auf.

Wenn wir mit dieser systemischen Ordnung in Einklang sind, fühlen wir uns im Gleichgewicht, das heißt wir haben ein gutes Gefühl, wir fühlen uns wohl. Sobald wir aber von dieser Ordnung abweichen, fallen wir aus dem Gleichgewicht heraus, wir kommen in Disharmonie und fühlen uns schlecht. Dabei spielt es keine Rolle, ob wir diese Ordnungen kennen oder nicht, und es spielt auch keine Rolle, ob wir diese Ordnungen anerkennen wollen oder nicht. Die negativen Folgen des Ungleichgewichtes haben wir dessen ungeachtet immer zu tragen.

Zu diesen Ordnungen zählen:

1. Die Rangfolge
2. Das Recht auf Zugehörigkeit
3. Der Ausgleich von Geben und Nehmen

1. Die Rangfolge

Die Rangfolge geht nach der Zeit, das heißt die, die früher da waren, haben den Vorrang vor denen, die später kommen. Der Fluss des Lebens geht vom Früher zum Später, von Hinten nach Vorne, und niemals umgekehrt. In diesem Sinne stehen die Eltern im Rang vor ihren Kindern und die Großeltern wiederum vor den Eltern. Das erste Kind steht vor dem zweiten, das zweite vor dem dritten usw.

Mann und Frau sind sich im Rang gleich, sie sind immer ebenbürtig, da die Beziehung für beide zum gleichen Zeitpunkt beginnt. Eine erste Frau (ein erster Mann) hat Vorrang vor der (dem) nächsten, und auch die Kinder aus einer ersten Beziehung stehen vor der Frau/ dem Mann in der zweiten Bindung, weil sie ja vorher da waren. Für das System spielt es keine Rolle, ob die beiden verheiratet waren oder nicht, es geht um die Bindung und damit um die Ernsthaftigkeit der Beziehung. Dies ist immer der Fall, wenn Liebe im Spiel war, ein Versprechen abgegeben wurde oder ein Kind aus dieser Beziehung entstand, auch dann, wenn das Kind abgetrieben wurde. Das bedeutet, dass frühere wichtige Beziehungen der Eltern von allen anerkannt werden müssen: von dem betroffenen Paar, den Kindern und eventuellen späteren nachfolgenden Partnern.

Auch muss zwischen den Generationen die Trennung nach dem Rang eingehalten werden, die Frau gehört zum Mann, der Mann zur Frau, und die Kinder wiederum gehören zusammen nach der Reihenfolge ihrer Geburt.

Die Rangfolge gilt auch innerhalb von Organisationen. Wer zuerst da war im System (zum Beispiel in einer Firma, einem Verein, einem Unternehmen usw.) hat Vorrang vor dem, der später kommt.

Für das Gesamtsystem ist es genau umgekehrt: Das aktuelle System, also die gegenwärtige Familie, steht im Rang vor der früheren. Das heißt, ein Sohn, eine Tochter, löst sich von der Herkunftsfamilie, wenn eine Partnerschaft eingegangen wird und gehört jetzt zur neuen Familie und hat dort seinen/ihren Platz.

2. Das Recht auf Zugehörigkeit

Jeder, der zu einer Familie, einem System gehört, hat ein Recht auf Zugehörigkeit, und zwar in gleichem Maße wie alle anderen. Niemand hat es mehr und niemand hat es weniger. Dieses Recht ist vollkommen unabhängig von Moralvorstellungen. Manchmal meinen Menschen, dass nur „die Guten", „die Braven", die sich nichts zuschulden kommen lassen, oder die „Tüchtigen, die es im Leben zu etwas bringen", dazugehören dürfen, oder zumindest mehr dazugehören als die anderen. Das wäre aber ein Verstoß gegen die Ordnung, nach der niemand ausgegrenzt werden und niemand um seinen rechtmäßigen Platz betrogen werden darf. Geschieht dies, ist die Ordnung gestört, und nachfolgende Generationen übernehmen den Ausgleich. Wie wir später noch sehen werden, führt dies zu sehr negativen Folgen.

Das einzelne Mitglied einer Familie fühlt sich dann vollständig und im Gleichgewicht, wenn alle Personen, die zu seiner Sippe gehören, in seinem Herzen einen guten Platz haben und gewürdigt werden.

Wer gehört zur Sippe?

- Das sind die Eltern und alle ihre Kinder, alle lebenden und alle toten, auch die Totgeborenen zählen dazu. Selbstverständlich auch die Kinder, die der Vater oder die Mutter vor der Ehe mit anderen Partnern hatten und auch jene Kinder, die während dieser Ehe mit anderen Partnern gezeugt worden sind und alle Kinder, die Vater oder Mutter in späteren Beziehungen haben werden. Sie alle sind Geschwister im gleichen Sinne, und die übliche Bezeichnung Halbgeschwister oder Stiefgeschwister bedeutet nicht, dass das Recht auf Zugehörigkeit nur ein „Halbes" wäre. Fehlgeburten wirken in der Regel nicht, manchmal aber doch, und man muss die Wirkung in einer Aufstellung ausprobieren. Abtreibungen wirken in der Regel auch nicht auf die Nachfolgenden, wohl aber immer innerhalb einer Beziehung.

- Die Geschwister der Eltern,

- die Großeltern und deren Geschwister,

- die Urgroßeltern,

- alle, die für andere im System Platz gemacht haben. Dazu zählen die früheren Partner, zum Beispiel ein erster Mann, eine erste Frau oder eine frühere Verlobte, oder ein Mann, mit dem jemand aus der Sippe ein Kind hat, und alle, durch deren Unglück, Weggang oder Tod andere in der Sippschaft einen Vorteil gehabt haben.

3. Der Ausgleich von Geben und Nehmen

Wenn die Paarbeziehung in lebendiger Liebe gelingen soll, müssen beide einander geben und vom anderen nehmen. Erst dieser Austausch führt zu dem, was wir Be-Ziehung nennen. Nun liegt tief in uns ein grundsätzliches Bedürfnis nach Ausgleich. Sobald einer mehr gibt oder mehr nimmt als der andere, entsteht ein Ungleichgewicht, und die Beziehung ist in Gefahr. Einer der Hauptgründe für Streit ist dieser Mangel an Ausgeglichenheit von Geben und Nehmen. Daher ist es in Partnerschaften wichtig, als erste Maßnahme herauszufinden, wer mehr gibt oder mehr nimmt und dann das Geben und Nehmen wieder auszugleichen.

Die Währung, in der gegeben wird, kann völlig unterschiedlich sein. Ausgleich bedeutet ja nicht, dass ich dasselbe zurückbekommen muss, das ich gegeben habe. Abgesehen von einer dadurch notgedrungen entstehenden Langweiligkeit in der Beziehung sind die Gaben, über die jeder Einzelne verfügt, vollkommen verschieden. Das heißt, einer kann nur geben, was er hat. So wäre es also beispielsweise widersinnig vom Partner zu fordern, er möge mit mir lange und tiefgründige Gespräche führen, wenn dies nicht seinen Möglichkeiten entspricht. Andererseits wäre es wesentlich, das zu nehmen, was er zu geben hat und auch gibt. Wir bemerken es leider nur oft nicht, weil wir es nicht beachten. Unsere Aufmerksamkeit ist auf das gerichtet, was wir haben wollen, und meist auf die Forderung nach dem „darüber reden" fixiert. Vielleicht hat uns dieser Mensch schon längst andere Zeichen seiner Aufmerksamkeit gegeben, die wir, aus Enttäuschung, womöglich sogar abgeschmettert haben.

Die Menschen unserer Gesellschaft haben ein sehr viel größeres Problem mit dem Nehmen als mit dem Geben. Die meisten von uns sind gern dazu bereit, dem anderen das zu schenken, was unseres ist, was immer dies auch sei. Aber wir tun uns oft schwer, den anderen anzunehmen mit allem, was er uns gibt. Diese Haltung haben wir meist schon im Elternhaus gelernt, und die Eltern bekommen es zurück und als erstes auch zu spüren, wenn ihre Kinder sich weigern, die Eltern zu nehmen, wie sie sind. Dies setzt sich später fort in anderen Beziehungen und ganz besonders in den Partnerschaften.

Das Negative, das vom anderen kommt, sehen wir sofort, das Gute leider sehr viel weniger. Wer kennt sie nicht, diese Situationen, aus eigener Erfahrung? Wir alle haben es schon erlebt, dass wir für einen anderen alles Mögliche getan haben, um dann festzustellen: Der hat das als selbstverständlich hingenommen oder vielleicht nicht einmal bemerkt.

Bert Hellinger spricht vom kleinen und vom großen Glück. Wenn einer wenig gibt und wenig nimmt und der andere Partner desgleichen, dann haben die beiden ein kleines Glück. Wenn sie aber beide viel geben und viel nehmen, haben sie ein großes Glück. Je mehr zwischen den beiden ausgetauscht wird, desto tiefer und inniger wird die Beziehung.

Schwierig und zerstörend wird es, wenn einer mehr nimmt oder mehr gibt. Dann muss der, der mehr gibt, sich im Geben zurückhalten. Ich darf dem anderen nur soviel geben, wie dieser zurückgeben kann oder will. Wenn ich den Partner überschütte, dränge ich ihn weg, und wenn er kann, wird er gehen. Ich muss also auf das Geben in bestimmter Weise verzichten. Denn der, der nicht zurückgeben kann, fühlt sich unter Druck gesetzt und wird in der Regel böse. Manchmal geschieht das Geben im Sinne von „Überhäufen und Aufdrängen" absichtlich. So steht der andere nämlich in des Gebers Schuld, und dieser kann sich überlegen fühlen. Ein solches Verhalten ist nicht „gut" sondern beziehungsfeindlich. Dem anderen wird ja auf solche Weise die Ebenbürtigkeit verweigert.

Die Währung, in der gegeben wird, ist also egal, nur der Saldo muss stimmen. Das gelingt nur, wenn alles seinen Wert hat. Abwertungen und das Beharren auf der eigenen Überlegenheit („meines ist das Bessere") verhindern den Ausgleich.

Das Gesetz von Geben und Nehmen funktioniert auf die Dauer nur, wenn ein Fluss zwischen Geben und Nehmen besteht, wenn beides hin- und hergeht. Wenn gefordert wird, das heißt wir nur mehr bekommen wollen und nicht mehr bereit sind, dafür zu geben, landen wir zwangsläufig in einer Sackgasse. Und wenn wir vom Partner verlangen, dass er sich ändern müsse, dann ist der es seiner Würde schuldig, dass er so bleibt, wie er ist. Veränderung und Entwicklung können nur auf dem Boden der Akzeptanz gelingen.

Wenn ein Paar ein Kind bekommt, gibt die Frau mehr. Dies gilt nicht für das Kind, denn dieses bekommt das Leben von beiden gleichermaßen. Die Wirkungen zeigen sich in der Mann-Frau-Beziehung. Der Ausgangspunkt ist, dass die beiden sich lieben und dass das Kind entsteht als die Frucht ihrer Liebe. Damit diese Frucht wachsen und gedeihen und in die Welt kommen kann, gibt die Frau ungleich mehr, nämlich alles. Der Mann kann nur Vater werden, indem er darauf wartet, dass die Frau ihrer beider Frucht in ihrem Körper wachsen und gedeihen lässt und das Kind schließlich gebärt. Jetzt muss er den Ausgleich schaffen, indem er der Frau zurückgibt in seiner verfügbaren Währung. Das kann die Fürsorge sein, das Übernehmen von Aufgaben und Tätigkeiten, Zeit, Zärtlichkeit, das Schaffen einer sicheren Atmosphäre etc. Geschieht dies nicht, entsteht ein Ungleichgewicht.

Viele Frauen verlieren, wenn sie Mütter geworden sind, ihre sexuelle Lust auf den Mann. Dies ist ein Dilemma in vielen Beziehungen und wird mit Geburtsschock, Hormonumstellung, der veränderten Frauenrolle u.ä. zu erklären versucht. Dieser Zustand bleibt aber meist im Lauf der Jahre erhalten; es zeigt sich dann, dass diese Frauen sehr wohl sexuelle Gefühle haben, wenn sie sich in einen anderen Mann verlieben bzw. einen Seitensprung erleben. Man müsste hier der Frage nachgehen, ob der fehlende Ausgleich in der Paarbeziehung aufgrund der Geburt eines Kindes der Auslöser für die (unbewusste) Verweigerung der Sexualität dieser Frauen sein könnte.

Der Ausgleich von Geben und Nehmen ist nur unter Ebenbürtigen möglich, gilt also für das Paar, für Mann und Frau. Zwischen Eltern und Kindern ist das anders.

3.3 Die ELTERN – KIND – BEZIEHUNG

Zwischen Eltern und Kindern kann es diesen Ausgleich nicht geben, es herrscht ein unaufhebbares Gefälle. Die Eltern geben das Höchste, sie geben das Leben, und mit dem Leben geben sie dem Kind das, was sie selber sind, vollständig und ganz. Sie können sich selbst oder Teile von sich selbst nicht zurückhalten, und sie können auch nichts anderes weitergeben als das, was sie sind. Sie können dem weder etwas hinzufügen noch weglassen. Sie geben nicht nur das Leben, sondern die meisten von ihnen geben noch etwas dazu: Sie sorgen für ihre Kinder, ziehen sie auf und führen sie ins Leben. Das ist ein riesiges Gefälle, das die Kinder, selbst wenn sie es wollten, nie ausgleichen können.

Wenn das Kind erwachsen geworden ist und eine eigene Familie gründet, gibt es das, was es seinen Eltern nicht zurückgeben kann, weiter an seine Kinder. Das ist der Ausgleich über die Generationen hinweg. Bei Frauen und Männern, die keine eigenen Kinder haben, kann man dennoch sehen, wie sie das Empfangene weitergeben: vielleicht als Tante an den Neffen, als Lehrer an die Schüler, als Arzt an die Patienten oder sonst in irgendeiner Weise an die Menschen, mit denen sie im Leben zu tun haben.

Wenn wir Eltern werden, können wir das geben, was wir vorher von unseren eigenen Eltern genommen haben, das, was wir uns selbst im Leben dazu erwerben konnten und, wenn wir Glück haben, auch das, was wir von einem Partner bekommen. Jede Frau kann das sofort spüren: Hat sie einen Partner, der sie unterstützt, ihr zur Seite steht, auf sie eingeht, so steigert das ihre Stabilität und macht sie tragfähiger gegenüber dem Kind. Sie hat mehr Kraft und Energie, die sie an das Kind weitergibt. Wird sie vom Partner in Frage gestellt, kritisiert, angegriffen, alleine gelassen oder gar verlassen, dann hat sie weniger zur Verfügung, das sie weitergeben kann.

Die Eltern geben also, und die Aufgabe der Kinder ist es zu nehmen, alles, das Ganze. Die Kinder nehmen ihre Eltern so wie sie sind, mit allem Drum und Dran, ohne Wenn und Aber, und ehren die Eltern. Die Kinder nehmen immer alles von den Eltern, wenn auch meist unbewusst, denn es ist gar nicht möglich, das, was die Eltern sind, zurückzuweisen. Auch wenn sich die Kinder dem widersetzen (meist als Jugendliche oder Erwachsene), so gilt der Widerstand im Grunde genommen ihnen selbst, denn das, was die Eltern sind, haben sie längst in sich aufgenommen. Wir tragen Vater und Mutter in uns, ob uns das passt oder nicht. Jedes Abweisen und Zurückweisen wird uns selbst zum Problem, da wir damit gleichzeitig Teile von uns selbst diffamieren und ablehnen. Zur Ganzwerdung, zur Heilung, gehört das bewusste Annehmen, indem die Eltern gewürdigt und geehrt werden.

Für das Kind sind beide Eltern gleich wichtig, wenn auch jeweils in einem anderen Sinne. Das, was von der Mutter kommt, ist das Weibliche und kann von einem Mann nicht ersetzt werden. Die Mutter wird in der ersten Lebenszeit des Kindes fraglos die Wichtigere sein. Sie ist das Fundament, der Grundstein unserer Existenz. Die Abhängigkeit des kleinen Kindes von seiner Mutter bleibt lange Zeit bestehen und ist auch durch keine andere Beziehung zu ersetzen.

Der Säuglingsforscher Daniel Stern[7] betont nicht ohne Wehmut (da er selbst begeisterter Vater und emanzipierter Mann ist), dass Väter dem Kind nicht das geben können, was sie in den ersten Jahren ihres Lebens brauchen. Und der Psychoanalytiker Wilfried Bion[8], der sich intensiv mit der frühen Mutter-Kind-Beziehung beschäftigt hat, führt das auf die „capacity of dreaming" zurück, eine Fähigkeit der Mutter, in Anwesenheit des kleinen Kindes, das noch nicht des sprachlichen Ausdrucks mächtig ist, über dessen seelische

---

7) Stern, Daniel: Tagebuch eines Babys
8) Bion, Wilfried R.: Lernen durch Erfahrung

Vorgänge, Qualen und Bedürfnisse „zu träumen", also sie unbewusst zu merken. „Das innere Chaos des Babys wird von der Mutter verdaut, in etwas Gutes transformiert und ihm als etwas Annehmbares zurückgegeben."[9]

Das, was von der Mutter kommt, kann von einem Mann nicht ersetzt werden. Aber ebenfalls gilt: Das, was vom Vater kommt, kann von einer Frau nicht ersetzt werden. Es ist das Männliche, und das Kind braucht es zu seiner Entwicklung. Die Mutter ist für das Kind die erste Frau im Leben und repräsentiert somit das Weibliche für das ganze spätere Leben dieses Menschen. Der Vater ist für das Kind der erste Mann im Leben und repräsentiert das Männliche. Wenn die erwachsene Tochter sich später einen Mann nimmt, lebt sie mit ihm noch einmal die Vaterproblematik, der erwachsene Sohn mit seiner Frau dagegen die Mutterproblematik. Das ist den meisten kaum bewusst und wird erst erfasst, wenn Probleme oder Krisen zu einer Auseinandersetzung mit der eigenen Person und dem bisherigen Leben zwingen.

Bert Hellinger schildert das Werden eines Sohnes zum Mann bzw. einer Tochter zur Frau folgendermaßen:

„Der Bub ist als Kind im Bannkreis seiner Mutter und erfährt da das Weibliche von ihr. Bleibt er dort, überschwemmt das Weibliche seine Seele, und er erlebt die Frau übermächtig. Das hindert ihn den Vater zu nehmen, und das Männliche wird bei ihm eingeengt und geht immer mehr verloren. Im Bannkreis der Mutter bringt es der Sohn nur zum Jüngling, zum Frauenliebling, zum Liebhaber, aber nicht zum Mann. Um Mann zu werden, muss er auf die erste Frau in seinem Leben verzichten und aus dem Bannkreis der Mutter in den des Vaters treten. Er muss sich von ihr lösen und neben den Vater stellen. Beim Vater wird der Sohn zum

---

9) Fischkurt, Eva J.: Wenn Frauen nicht mehr lieben, S. 112

Mann, der auf das Weibliche in ihm verzichtet hat. Das ist für den Sohn ein großer Verzicht, aber dann kann er sich das Weibliche von einer Frau schenken lassen, und so kommt eine Beziehung zustande, die trägt.

Die Tochter ist ebenfalls am Anfang bei der Mutter und erlebt sie stark. Dann strebt sie zum Vater. Sie erlebt das Männliche zuerst in der Beziehung zum Vater und das fasziniert sie. Bleibt sie in seinem Bannkreis, übernimmt das Männliche ihre Seele. Sie bringt es dann nur zum Mädchen, zur Liebhaberin, sie wird immer wieder Geliebte werden, aber sie bringt es nicht zur Frau. Um Frau zu werden, muss die Tochter auf den ersten Mann in ihrem Leben, nämlich auf den Vater, verzichten, sich von ihm zurückziehen und zur Mutter zurückkehren, sich neben sie stellen. Dort wird sie zur Frau, und dann findet sie später auch zum eigenen Mann, von dem sie sich das Männliche schenken lassen kann.

Die beste Verbindung ist, wenn Vaters Sohn Mutters Tochter heiratet. Häufig aber heiratet Vaters Tochter Mutters Sohn. Dann wird es kompliziert.[10]

Der Mutter-Sohn ist zunächst attraktiv für die Frauen. Sie haben das Gefühl, dass da endlich ein Mann ist, mit dem sie reden können, der auf sie eingeht, mit ihnen „fühlt". So ein Mann versteht es mit den Frauen, er ist charmant, einfühlsam, verführerisch und weiß mit „traumwandlerischer" Sicherheit, was die Frau gerade von ihm will. Durch seine innige Verschmelzung mit der Mutter in Kindheit und Pubertät versteht er das weibliche Fühlen und Denken, ja mehr noch, er hat es vielfach zu seinem eigenen gemacht. Frauen, die solchen Männern begegnen, fühlen sich also zunächst verstanden. Doch wenn die Beziehung andauert und eine Partnerschaft daraus wird, verliert der Mann an Attraktivität für

---

10) Hellinger, Bert: Wie Liebe gelingt, S. 51

die Frau. An ihm kann sie sich nicht anlehnen, auf ihn kann sie sich nicht verlassen. Möchte er doch von ihr das haben, was er von seiner Mutter hatte: Bewunderung, Nachsicht, endloses Verständnis. Er wird in der Beziehung mit einer Frau und späteren Familie keine Verantwortung tragen, er gibt vor dies zu tun, in Wirklichkeit liegt alles bei der Frau. Wenn er sich unverstanden fühlt, weil die Bewunderung von seiten seiner Partnerin verständlicherweise immer mehr abnimmt, wird er Verständnis bei seiner Mutter suchen und Trost bei anderen Frauen. Der Mann, der mit seiner Mutter ein Herz und eine Seele ist, wird für die Frau zum Alptraum.

Die Vater-Tochter fühlt sich als die Vertraute der Männer. In ihrer Kindheit hat sie oft eine unausgesprochene Komplizenschaft mit dem Vater gegen die Mutter erfahren. Dies setzt sich später fort. In anderen Frauen sieht sie nicht Gleiches sondern die Konkurrentin. Meist fühlt sie sich anderen Frauen gegenüber überlegen, bis sie, nach Jahren der Erfahrung mit der Männerwelt sich die Frage stellt, warum sie eigentlich immer die Geliebte, die Liebhaberin, aber nicht die Frau eines Mannes wird. Genauso wie der Mutter-Sohn, der keine Identität mit seinem Vater aufgebaut hat und ihn innerlich ablehnt, verliert die Vater-Tochter, die mit dem Vater verbunden ist und die Mutter ablehnt, an Attraktivität für den Partner.

Ein jeder von uns weiß es, wie stark der Einfluss unserer Eltern war, ihre Macht über unser früheres und unser gegenwärtiges Seelenleben. Wie sie uns bis in den Tod hinein verfolgen als Gestalten, die uns geprägt haben und denen wir anhängen, obwohl sie uns unabsichtlich oder vielleicht auch absichtlich verletzt haben. Doch nur die Annahme dessen, was war und was ist, macht uns frei für uns selbst und schafft die Möglichkeit für ein selbstbewusstes Leben.

3.4 PARTNERSCHAFT ZWISCHEN MANN UND FRAU

Die Beziehung zwischen Mann und Frau ist die ursprünglichste Beziehung überhaupt. Ohne diese Beziehung gäbe es alle anderen Beziehungen nicht. Die Paarbeziehung hat Vorrang vor dem Eltern-Sein. Häufig passiert es den Paaren, dass sie aufgrund der starken Beanspruchung durch die Kinder die Mann-Frau-Beziehung vernachlässigen. Dann gibt es Schwierigkeiten oder eine Entfremdung in der Paarbeziehung. Wenn die beiden das wieder ändern, also die Paarbeziehung wieder den ersten Rang einnimmt, dann gelingt nicht nur die Partnerschaft, sondern auch das Eltern-Sein besser.

Die Liebe der Eltern zu den Kindern vertieft sich durch die Paarbeziehung, und die Kinder, die erleben, dass Mama und Papa sich lieben, fühlen sich sehr glücklich. Der Mann schöpft die Kraft, Vater zu sein, aus seiner Liebe zur Frau. Wenn er die Kinder liebt, liebt er in den Kindern auch seine Frau. Die Frau schöpft ihre Kraft, Mutter zu sein, weil sie den Mann an ihrer Seite weiß und von ihm die Kraft nimmt, die dann zu den Kindern fließen kann. Wenn das Mutter-Sein für sie die Fortsetzung der Paarliebe ist, wird sie in ihren Kindern auch den Mann lieben. Wenn das geschieht, geht es den Kindern gut. Sie spüren die Ordnung und fühlen sich geborgen. Der Strom der Energie fließt vom Mann zur Frau – sie hat ihren Platz an seiner linken Seite nahe dem Herzen – von der Frau zum ersten Kind, dann weiter zum zweiten und so fort.

Das jüngste Kind hat von allen bekommen, vom Vater, von der Mutter und von den Geschwistern. Wenn die Eltern alt sind und der Hilfe bedürfen, ist das Jüngste unter der Mithilfe der älteren Geschwister dafür zuständig, einen Teil der Energie den alten Eltern zufließen zu lassen.

Die vier Entwicklungsphasen einer Beziehung:

1. Phase der Verliebtheit (Verschmelzung)

In unserer westlichen Kultur beginnen Beziehungen meist auf der Basis von Verliebtheit. Dies ist nicht die beste aller Voraussetzungen, auch wenn die allgemeine gesellschaftliche Meinung uns dies glauben macht. Wir sprechen in diesem Zustand von Liebe und meinen dabei doch nur dieses unglaubliche, überwältigende, ekstatische Gefühl, mit dem wir einen anderen Menschen begehren. Vom Pfeil des Eros getroffen idealisieren wir nun diesen anderen. Die Verliebtheit ist die rosarote Brille, durch die wir den Geliebten/ die Geliebte im Weichzeichner sehen. Dies ist ein Ereignis, das uns tief in der Seele geschieht. Ein verliebter Mensch vergisst seine Überzeugungen, seine Pläne, seine liebsten Lebensgewohnheiten und ist imstande, alles über Bord zu werfen, um der Angebeteten oder dem Auserwählten zu folgen.

Wir Frauen haben in uns einen männlichen Teil, den so genannten Animus, die Männer tragen einen weiblichen Teil in sich, die Anima. Da wir keinen Zugang zu ihnen haben, schaffen wir uns Idealbilder, den Traummann/ die Traumfrau, die wir dann auf eine geeignete Projektionsfläche nach außen projizieren. Diese Projektionsfläche ist wie ein Haken, an dem ich mein Bild aufhängen kann. Im Prinzip ist es die Sehnsucht nach unserer Ganzheit. Daher kommt es, dass wir das Gefühl der Ganzheit erleben, wenn wir mit dem Objekt unserer Verliebtheit Integration finden. Solange wir im Zustand der Verliebtheit sind, bekommen wir vom anderen das, was wir in uns selbst suchen. Doch, wie wir wissen, hält dieser Zustand nicht unbegrenzt an. Das Stadium dauert im Durchschnitt drei bis neun Monate, vorausgesetzt, die beiden sind räumlich nahe zusammen und lernen sich wirklich kennen. In Wochenendbeziehungen, Dreiecksgeschichten oder heimlichen Liebschaften kann die Verliebtheit hinausgezögert und entsprechend verlängert werden. Je weniger ich den anderen haben kann, desto langlebiger ist meine Projektion. Was aber deutlich wird: Die Verliebtheit meint nicht wirklich dieses bestimmte Wesen, das *Du* mir gegenüber, denn diesen Menschen kenne ich noch nicht wirklich. Es ist nur das Bild, das ich von dieser Person habe.

Selbstverständlich hat es diese überwältigenden Sehnsüchte und Gefühle schon immer gegeben, und sie gehören zur menschlichen Erfahrungswelt dazu. Jedoch glauben wir erst seit dem Mittelalter (16./17. Jh.), dass diese Verliebtheit so tragfähig wäre, dass sie für eine lebenslange Partnerschaft reichen würde. Für eine Paarbeziehung in echter Liebe ist weder eine starke Verliebtheit noch ein leidenschaftliches und befriedigendes Sexualleben noch beides zusammen ausreichend. Unseren Glauben, dass dies doch der Fall sei, nennen wir die *Romantische Liebe*. Die *Romantische Liebe* im Stadium der Verliebtheit ist der Klebstoff zwischen Mann und Frau in unserer modernen westlichen Welt. In diesem Zustand treten die meisten von uns in das nächste Stadium ein, in die

2. Phase des Widerstandes

Die rosarote Brille bekommt Löcher, hier und da beginnt es zu bröckeln, immer öfter merken wir, dass wir den anderen so gesehen haben, wie wir ihn gerne sehen wollten. Manchmal glauben wir auch, der andere hätte uns getäuscht. *Du bist nicht so, wie du es mir versprochen hast.* Das stimmt natürlich nicht, der war schon immer so, wie er ist, wir haben es nur nicht bemerkt, wir wollten es nicht sehen, denn sonst hätten wir unsere Projektion nicht aufrecht halten können.

Es ist dies eine Phase mit immer wiederkehrenden Ent-Täuschungen, verbunden mit Kummer und Schmerz. Wenn die Projektion erlischt, kann jede Stimmung Anlass für einen Streit werden, jede

Nichtbeachtung kann als Vernachlässigung und Verrat erlebt werden, jeder Blick auf einen anderen rechtfertigt Eifersucht oder Zornesausbrüche. Aber niemals hat mich der Partner getäuscht, ich selbst habe mich getäuscht, und es tut sehr weh, dass ich es nicht geschafft habe, dass der andere so ist, wie ich ihn haben wollte.

Durch die Idealisierung der/des Geliebten brauchen wir dem anderen, wirklichen Menschen nicht nahe kommen, nur dem Erträumten. Das ist der Trick, um uns nicht in eine enge Verbundenheit zu verlieren, wie wir sie alle vor langer Zeit in unserer Kindheit erfahren haben. Damals getrauten wir uns noch, unsere Hilflosigkeit zuzulassen, wurden dann aber oft ausgenützt und gedemütigt. In dieser Erfahrung stecken der Schmerz und die Wunde, derentwegen wir unseren wirklichen Bedürfnissen nach Liebe und Nähe ausweichen. Jetzt idealisieren wir uns und den anderen, wiegen uns im Glauben zu bewundern und zu lieben, und halten uns doch gegenseitig auf Armeslänge fern. In dem Ausmaß, in dem wir andere zu unseren Bewunderern machen, geben wir ihnen Macht über uns. So spielen Männer mit Frauen und Frauen mit Männern. Jeder benützt Macht, obwohl jeder sich unfähig fühlt, sein eigenes Leben zu leben. Und jeder ist wütend auf den anderen, weil er sich in des anderen Gewalt fühlt.

Diese zweite Phase ist auch die Zeit des Forderns, in der wir vom anderen verlangen: „Wenn du mich liebst, dann … tust du dieses oder jenes, oder du tust dieses oder jenes nicht." Oder die Zeit der Anklage: „Du liebst mich nicht, weil …" Und es ist auch eine Zeit der versuchten Kontrolle über den Partner, wir haben Angst davor, dass der andere aufhört unserem Bild zu entsprechen und glauben, wir könnten ihn doch noch so hinbringen, dass wir uns unserer Enttäuschung nicht stellen müssen. Doch gerade darum geht es. Wir müssen akzeptieren lernen, dass wir keine Macht über den anderen haben.

Wie lange diese Phase dauert, kann nicht gesagt werden. Das ist vollkommen unterschiedlich. Manche Paare lernen schnell, bei manchen kann diese Phase andauern, vielleicht ein Leben lang, und dem einstigen Liebespaar die „Hölle auf Erden" bescheren, weil keiner von den beiden aufhört, über den anderen zu bestimmen und jeder den *Kampf* gewinnen will.

Der Übergang von der Verliebtheit zum Widerstand geht schleichend vor sich, immer wieder fließen in diese schwierige Zeit auch die Gefühle des Sehnens und Begehrens hinein, und Streit und Versöhnung wechseln einander ab. So manchem mag in diesem Stadium der Gedanke kommen, die falsche Frau, den falschen Mann genommen zu haben. In vermeintlich logischer Konsequenz brechen viele aus, sie wollen wieder verliebt sein, „Schmetterlinge im Bauch spüren", und so kehren sie wieder an den Ausgangspunkt einer Paarbeziehung zurück, nur mit einer neuen Frau, einem neuen Mann. Das ganze Spiel kann wieder von vorne beginnen.

1. Verliebtheit
2. Widerstand

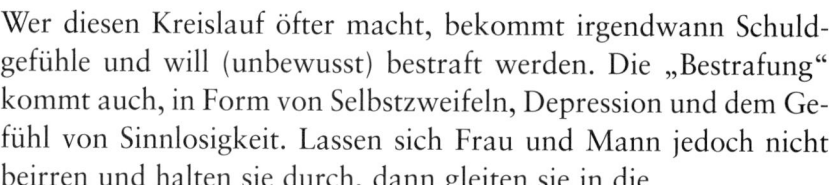

Wer diesen Kreislauf öfter macht, bekommt irgendwann Schuldgefühle und will (unbewusst) bestraft werden. Die „Bestrafung" kommt auch, in Form von Selbstzweifeln, Depression und dem Gefühl von Sinnlosigkeit. Lassen sich Frau und Mann jedoch nicht beirren und halten sie durch, dann gleiten sie in die

3. Phase der Distanzierung

Jetzt bewegt man sich vom anderen weg, und das ist gut so. Kontakte mit dem früheren Freundeskreis werden wieder aufgenommen oder neue Freunde gesucht, Hobbys ohne den Partner werden wichtig, neue Interessen entstehen. In der Distanz kann die Beziehung jetzt mit offeneren Augen beobachtet werden, der Abstand verhilft zu einer stärkeren Objektivität als der Zustand des im „Widerstand-Steckens". Der Fokus ist nicht mehr ausschließlich auf den Partner gerichtet, sondern wieder stärker auf die Außenwelt und, was besonders wichtig ist, auf sich selbst. Nur so gelingt es, sich selbst auf die Schliche zu kommen, die eigenen Gefühle und das eigene Verhalten zu reflektieren und damit langsam aber stetig die Projektion zurückzunehmen. Selbsterfahrung ist angesagt, ein liebevolles, aber durchaus kritisches (nicht bekrittelndes) Betrachten der eigenen Person. Unsere eigenen Bedürfnisse und unser manipulatives Verhalten, diese Bedürfnisse vom anderen unter dem Deckmantel der Liebe befriedigt haben zu wollen, müssen wir erkennen lernen.

Diese Phase ist schwierig auch insofern, als in der Regel nicht beide zu gleich den Eintritt in sie beginnen, sondern meist einer der beiden mit der Distanzierung beginnt. Das kann beim anderen Panik hervorrufen, weil er glaubt, nun den Partner zu verlieren. Einen Verlust müssen wir allerdings akzeptieren lernen: den Verlust der Projektion und der Selbsttäuschung. Kurse, Seminare, Vorträge, Therapien und auch entsprechende Literatur, die in großer Auswahl am Buchmarkt vorhanden ist, können in dieser Zeit eine wertvolle Hilfe sein. Eine Hilfe wohlgemerkt, aber kein Ersatz für das eigene Entwicklungsstreben.

Auf der Basis der Distanz und Reflexion wird Annäherung dann wieder möglich. Wer in seiner Paarbeziehung bis hierher gekommen ist und sich gleich wieder versöhnen will – die Harmoniesucht ist nicht weniger gefährlich als die Streitsucht –, bereitet den Boden für die nächsten Schwierigkeiten.

1. Verliebtheit
2. Widerstand
3. Distanzierung

Dieser Kreislauf findet statt, wenn versucht wird, etwas unter den Teppich zu kehren oder die ehemalige Projektion wieder herzustellen. Verzweifelt suchen solche Paare Orte auf, an denen sie früher miteinander glücklich waren, sie wiederholen Dinge, die sie damals miteinander gemacht haben, versuchen, sich durch Kleidung und sonstiges Outfit der damaligen Zeit anzunähern (wieder so schlank, wieder so jung, wieder so gestylt, wieder so sportlich usw. sein). Gewaltige Dramen können sich da entwickeln, Resignation einerseits, „es wird ja doch nie wieder, wie es war, bei uns ist die Luft `raus, so ist eben das Leben, man muss sich abfinden usw. ...“ und Flucht in heimliche Beziehungen andererseits. Eine dritte Person kann das Leben wieder aufregend und sinnvoll erscheinen lassen, und wenn man von der Existenz der Projektion nichts weiß, mutiert dieser Dritte zum Inbegriff der Vollkommenheit.

Distanzierung und Reflexion sind also noch zu wenig, da fehlt noch etwas Wesentliches. Jetzt muss es zur Austragung des Konflikts kommen. Die Distanz, ohne Konfrontation, genügt nicht. Wer die Beziehung aufrecht erhalten will, muss bereit sein, in den Konflikt einzutreten und sich zu stellen. Wichtig dabei ist, dass „Klebstoff“ vorhanden ist, der die beiden, trotz der gewaltigen Probleme, das Wagnis der Konfrontation eingehen lässt. Die Verliebtheit ist ja in dieser Zeit verschwunden, bzw. es findet momentan kein Zugang zu ihr statt. Was könnte ein solcher *Klebstoff* sein? All das, was das Paar inzwischen an Gemeinsamem geschaffen hat: gleiche Interessen und Beschäftigungen, ein gemeinsames Heim, Kinder, ein gemeinsames Unternehmen, ein gemeinsames Lebensziel (politisch, sozial, religiös) ... Der *Klebstoff* verhilft dazu, dass Distanz und Auseinandersetzung gewagt werden können.

Doch nicht die Schuldzuweisungen an den anderen, wie es in Phase 2 geschieht, sind jetzt angesagt, nein, es geht um das Aufdecken der eigenen Gedanken und Gefühle: sich zu öffnen, den anderen jetzt wirklich in sich „hineinschauen“ zu lassen, die eigenen Mängel und

Schwächen, Ängste und Verrücktheiten einzugestehen, dem anderen nichts mehr vorzumachen, nichts zu beschönigen, die eigene Hilflosigkeit zuzulassen. Dem anderen gegenüber zuhören und annehmen, was ist. Den anderen *erfahren*, ohne ihn zu kritisieren oder gar ihn niederzumachen. Das alles auszustehen und durchzustehen, sich weder überordnen noch unterordnen, sondern hineingehen in die Ebenbürtigkeit, das ist Sinn und Ziel der dritten Phase.

1. Verliebtheit
2. Widerstand
3. Distanzierung
4. Liebe

Wenn alle Projektionen erkannt und zurückgenommen sind, finden wir zur Liebe, die jetzt wirklich den anderen meint so wie er ist, ohne Illusionen und ohne aufgeblasene Erwartungen. Das alles ist jetzt nicht mehr nötig. *Jetzt bin ich bei dir* und *du bist bei mir*, wir sind nicht „verschmolzen", denn jeder darf er selber sein, voll und ganz, und gleichzeitig bist du mir so nahe, wie nie zuvor. Die beiden sind jetzt wirklich ein Paar geworden. Das ist die Basis für ein Vertrauen, wie es tiefer nicht sein kann.

Die Annahme des anderen, so wie er ist, geht eng einher mit der Selbstliebe. Nur wenn ich mich selbst auch so liebe, wie ich bin, mit allen Ausprägungen und allen Ecken und Kanten, werde ich den Partner/die Partnerin wirklich lieben können. Nur wenn ich mit mir selbst so gut und liebevoll bin, dass ich mir Fehler zugestehe und mich nicht verurteile, werde ich die Fehler meines Partners akzeptieren können und verzeihen, wenn er/sie mir dadurch etwas angetan hat. Wenn diese Phase des Widerstands und der Distanzierung für eine intensive Auseinandersetzung mit sich selbst genützt wird, sehen wir ein, dass auch wir nicht zu verurteilen sind. Wir sind Lernende in einem Entwicklungsprozess. Die wahre Liebe fällt uns nicht einfach zu wie die Verliebtheit.

Die Liebeserfahrung der Bedingungen unserer Kindheit hat uns in eine negative Richtung geführt, als Erwachsene müssen wir uns diese Liebesfähigkeit erst wieder erarbeiten. Die wirkliche Liebe ist kein vorübergehendes „Hoch". Sie ist ständiges Wachstum und ersetzt den bekannten Zyklus von Höhen und Tiefen. Das heißt nicht, dass wir nicht Augenblicke von Unglücklichsein, Trauer, Empörung oder Schmerz erleben werden. „In Liebe leben" heißt, durch die Hindernisse des Lebens gleiten und sie erfahren, ohne sich niedergedrückt oder überfordert zu fühlen. Mit Liebe können wir lernen, Menschen zu verstehen, ohne uns Illusionen hinzugeben.

Die Paarbeziehung wird dann lebendig bleiben, wenn sie genährt und gepflegt wird. Dies geschieht nicht, indem wir kritisch auf den jeweils anderen schauen („Tu du doch etwas"), und dies geschieht auch nicht, wenn wir den Blick ständig auf die Partnerschaft richten und sie analysieren. Manche setzen beim *Wir* an und meinen *Wir sollten, Wir haben doch ausgemacht, Wir wollten doch* usw. Sie meinen, es ginge stets und allein um die Partnerschaft als Ganzes und nicht um ihre Teilbereiche Frau und Mann. Genau das ist jedoch ein wichtiger Punkt.

Die Paarbeziehung ist kein von uns abgelöstes System, sondern sie ist aufs Engste mit der Entwicklung der beiden Teile verknüpft. Dort gilt es anzusetzen: Jeder muss über sich selbst nachdenken, sich selbst beobachten und sein Verhalten immer wieder reflektieren. Wenn jeder mit sich im lebendigen Kontakt steht, wird auch die Paarbeziehung immer wieder lebendige Impulse bekommen. Dass die Entwicklungsschritte der beteiligten Partner selten gleichzeitig verlaufen, wurde schon erwähnt. Die Meinung, es müssten doch beide jetzt etwas für die Beziehung tun, sonst könnte kein Fortschritt geschehen, ist nicht haltbar. Wenn der eine sich verändert, verändert sich automatisch etwas im ganzen System und kann daher wiederum für den anderen Impuls sein für einen weiteren Schritt.

Wenn die Paarbeziehung nicht gelingt, sondern endet und die beiden sich trennen, ist das immer mit Schmerz und Trauer verbunden. Je länger eine Bindung gedauert hat, desto länger dauert der Prozess der Ablösung. Eine Faustregel sagt: So viele Jahre wie die Beziehung gedauert hat, so viele Jahre dauert es ab der Trennung, bis die Bindung wirklich auf allen Ebenen gelöst ist. Bei einer 20-jährigen Ehe sind das 20 Jahre Loslösungsprozess. Eine andere Faustregel geht dagegen von einem Drittel der Zeit aus. Hellinger hat in seinem Therapeutenleben die Erfahrung gemacht, dass die Bindung zum ersten Partner die stärkste ist und bei jeder weiteren Beziehung die Bindung abnimmt. Nach seinem Dafürhalten werden die Trennungen bei den folgenden Partnern leichter.

Damit die Trennung überhaupt gelingen kann, ist es wichtig, durch das tiefe Tal des Schmerzes hindurchzugehen. In unserer Gesellschaft will man uns weismachen, dass man dem Schmerz und der Trauer entgehen kann, indem man davonläuft, sich ablenkt oder dem anderen die Schuld zuweist. Die Trauer wird so verdrängt und holt uns in Form von Krisen im weiteren Leben immer wieder ein. Stürzt man sich in eine nächste Beziehung, so ist auch in dieser die Problematik schon vorprogrammiert. Die Funktion der Trauer ist das Loslassen-Können, und das gelingt, wenn die Trauer gelebt wird.

Üblicherweise wird geglaubt, man müsse, wenn der Partner sich trennen will, die eigene noch vorhandene Liebe bekämpfen und zum Verschwinden bringen. Dieser Kampf kostet Energie und bringt nichts. Es ist viel besser, zum eigenen Gefühl der Liebe zu stehen und zu akzeptieren, dass Liebe nicht immer erwidert werden muss. Es lässt sich tatsächlich auch mit unerwiderter Liebe gut leben, wenn man zu sich selbst steht.

Eine gute Trennung ist eine Trennung in gegenseitiger Achtung. Beide übernehmen ihren Teil der Verantwortung für das, was schief gegangen ist. Die Schuld liegt exakt zur Hälfte bei jedem der beiden, keiner ist mehr Schuld und keiner weniger. Bei manchen scheint die Schuld groß und mächtig, jeder sieht sie und zeigt mit dem Finger darauf hin. Bei anderen wieder scheint sie gering und unscheinbar, sie fällt nicht auf, zeigt sich vielleicht im Gewand des Opfers. Doch alles ist Ursache und Wirkung, das Handeln oder Nicht-Handeln des einen zieht die Handlung des anderen nach sich. Auch wenn wir diese nicht gewollt haben, sind wir doch dafür verursachend und müssen die Folgen unseres Handelns tragen – immer. Entweder wir tun es freiwillig, oder es kommt in Form des „Schicksals" auf uns zurück.

Über die wahren Ursachen der Trennung nachzudenken ist wichtig. Grundsätzlich ist der Grund der Trennung immer, dass der andere für uns nicht so ist, wie wir ihn haben wollen. Das heißt, ich will mich nicht mehr im Spiegel anschauen, ich werfe den Spiegel weg. Lerne ich nun nichts aus dem Erlebten, kommt mit einem neuen Partner das Gleiche wieder auf mich zu. Wenn wir den eigenen Anteil der Ursache auf den anderen schieben, wird es für uns schlecht weitergehen.

Die gute Trennung ist also eine Trennung in Achtung und beiderseitiger Trauer sowie in Dankbarkeit und Anerkennung für das, was der andere geschenkt hat. *„Ich habe dich sehr geliebt. Es tut mir weh, dass es zwischen uns schiefgelaufen ist. Ich trage meinen Teil der Verantwortung, und ich überlasse dir den deinen. Was ich dir gegeben habe, habe ich dir gern gegeben, und ich freue mich, wenn du es behältst. Das, was du mir gegeben hast, halte ich in Ehren."* In dieser beiderseitigen Haltung darf Frieden sein, und die Wege der beiden können in verschiedene Richtungen weitergehen.

Wenn das Paar ein Elternpaar ist, muss den Kindern ganz klar gesagt werden, dass die Trennung nur zwischen Mann und Frau geschieht, niemals zwischen Mama und Papa, denn getrennt wird ja nur die Paarbeziehung und niemals die Elternbeziehung. Die bleibt immer erhalten. Wenn die beiden sich später wieder neue Partner nehmen, dann müssen die nachfolgenden Partner anerkennen, dass für den anderen die Liebe zu den Kindern aus der früheren Beziehung Vorrang hat vor der Liebe zum neuen Partner. So ist beispielsweise ein Mann in einer zweiten Partnerschaft in erster Linie Vater seiner Kinder aus der früheren Beziehung und erst in zweiter Linie Mann für seine neue Frau. Wenn die neue Frau dies anerkennt, kann sich der Mann ihr inniger zuwenden, weil sie sich nicht zwischen ihn und seine Kinder stellt. Sie darf sich nicht in die Angelegenheiten einmischen, welche die Kinder betreffen. Sie darf sich nicht aufspielen, sich nicht als Stellvertreterin der Mutter oder gar als die „bessere Mutter" ausgeben, sie muss den Kindern sagen: „Ich bin nur die neue Frau eures Vaters, für euch ist eure Mutter die Richtige, und ich achte in euch auch eure Mutter." Stellvertreterin für die Mutter kann sie nur sein, wenn diese gestorben ist oder sonstwie nicht mehr zur Verfügung steht. Aber immer ist die leibliche Mutter die erstrangige (dies gilt auch für die Adoptivmütter).

Ist nun beispielsweise eine Frau in einer zweiten Partnerschaft, dann gilt analog: Sie ist in erster Linie Mutter ihrer Kinder aus der früheren Beziehung und erst in zweiter Linie Frau für ihren neuen Mann. Wenn der neue Mann dies anerkennt, kann sich die Frau ihm inniger zuwenden, weil er sich nicht zwischen sie und ihre Kinder stellt. Er darf sich nicht in die Angelegenheiten einmischen, welche die Kinder betreffen. Er darf sich nicht aufspielen, sich nicht als Stellvertreter des Vaters oder gar als der „bessere Vater" ausgeben, er muss den Kindern sagen: „Ich bin nur der neue Mann eurer Mutter, für euch ist euer Vater der Richtige, und ich achte in euch auch euren Vater."

Exkurs: Die homosexuelle Partnerschaft

Wenn homosexuelle Menschen eine Partnerschaft eingehen, durchlaufen sie, nicht anders als die heterosexuellen Paare, die vier Entwicklungsphasen einer Beziehung. Auch unterliegen sie denselben Bedingungen des Ausgleichs von Geben und Nehmen. Damit die Partnerschaft funktioniert, müssen Geben und Nehmen im Gleichgewicht stehen. Für alle Paare ist es wichtig, dass sie von der Umwelt als ein Paar anerkannt werden. Die praktizierten Rituale und Symbole (Eheschließung, Trauring etc.) stellen unter anderem ja auch ein Signal an die Außenwelt dar. Seht her, wir beide sind jetzt ein Paar, wir gehören zusammen. Homosexuelle Paare bedürfen dieser Anerkennung in noch stärkerem Maße, da sie trotz gesellschaftlicher Liberalisierung immer noch mitmenschlichem Unverständnis, Verunglimpfung, Ablehnung und teilweiser Diskriminierung gegenüberstehen. Wenn homosexuelle Frauen und Männer ihr Schicksal anerkennen und eine dauerhafte Partnerschaft eingehen, können sie aus dieser Verbindung eine besondere Kraft schöpfen. Die tiefe Liebe dieser Paare muss respektiert und geachtet werden.

Die systemische Familientherapie Bert Hellingers sieht in der Homosexualität keine genetische Veranlagung, sondern eine systemische Verstrickung. Hellinger weist auf drei systemische Bedingungen hin:

1. Eine Frau aus der Familie hatte ein besonderes, schweres Schicksal. In der nachfolgenden Generation gibt es keine Mädchen, nur Jungen. Wenn nun einer davon diese Frau aus der Sippe vertritt, wird er in seiner geschlechtlichen Identität verunsichert. Das Gleiche geschieht, wenn ein Mädchen in einer Familie einen Mann vertreten muss, weil dafür kein Junge zur Verfügung steht. Dann wird sie in ihrer geschlechtlichen Identität verwirrt. Wir nennen dies die gegengeschlechtliche Identifizierung.

2. Jemand muss einen Ausgestoßenen vertreten, einen oder eine, die verteufelt wurde. Ein(e) Nachfolgende(r) wiederholt nun das Schicksal des „Ausgestoßen-Seins", des von der normalen Gesellschaft „Ausgeschlossen-Seins" in Form der Homosexualität, die ja, wie erwähnt, eine Form des Außenseiter-Daseins darstellt.

3. Die Mutter oder Großmutter zieht das Kind ganz an sich, klammert den Vater aus und verhindert, dass das Kind aus dem Bannkreis der Mütter und Frauen ausbrechen darf und zum Vater kann.

Jede dieser systemischen Bedingungen kann Ursache für Homosexualität sein, muss aber nicht dazu führen. Wir können in diesen Fällen von einer Gefährdung zur Homosexualität sprechen. Laut meinen eigenen konkreten Erfahrungen mit homosexuellen Menschen trafen alle drei Bedingungen bei jeder der Personen zu. Einige Male war die ausgestoßene, verteufelte Person (Bedingung 2) identisch mit der gegengeschlechtlichen Person mit schwerem Schicksal (Bedingung 1). Wenn dies der Fall war, war die dritte Bedingung nicht mehr notwendig.

Hier stellt sich nun die Frage, ob Homosexualität durch die Aufhebung der Verstrickung aufgelöst werden kann. Die Erfahrungen der Psychologen und Therapeuten zeigen, dass Homosexualität in der Regel nicht reversibel ist. Über die Auswirkungen der Methode des Familienaufstellens in Bezug auf Homosexualität liegen keine empirischen Ergebnisse vor. Jedoch schreibt Hellinger[11] über eine Reihe von Ausnahmen, die er erlebt hat, insbesondere wenn die Person noch sehr jung ist, und er führt das Beispiel eines Kindes mit homosexuellen Neigungen an, die sich aufgrund der Familienaufstellung der Mutter des Kindes wieder gegeben haben.

---

11) Hellinger Bert: Wie Liebe gelingt, S. 317f.

Eine Veränderung der Sexualität von der Homo- zur Heterosexualität wäre in meinen Augen nur dann ein Thema, wenn die betreffende Person unter ihrer Neigung leidet. Dies ist mir allerdings nie untergekommen.[12] Die Homosexuellen, besonders wenn sie noch jung sind, leiden unter der sozialen Umwelt, unter der Irritation der Eltern, denen sie glauben nun Kummer zuzufügen, unter der Ablehnung der Geschwister, der Freunde und Kameraden. Meines Erachtens geht es also nicht um Veränderung, um „Rückkehr" zur Heterosexualität, vielmehr ginge es darum, die Homosexualität als ein individuelles Schicksal zu erkennen, das oft ein schweres ist, weil es das so genannte „normale Leben" mit eigenen Kindern und Enkelkindern verunmöglicht.

Für uns, die wir die soziale Umwelt sind, gilt es, dieses Schicksal, wann immer wir ihm begegnen, zu achten und zu würdigen und ihm jenen Respekt zukommen zu lassen, das ein Schicksal gleich welcher Art, verdient.

---

12) Unter den Angehörigen des katholischen Klerus finden sich viele Homosexuelle. Aufgrund therapeutischer Kenntnisse gilt auch hier, dass diese Menschen nicht spezifisch unter ihrer Homosexualität leiden. Viele von ihnen leiden generell unter ihrer Sexualität, die sie nicht leben dürfen. Und ob ein solcher Mensch nun von einer jungen Frau oder einem jungen Mann träumt, das Thema ist die unerfüllte Sehnsucht und nicht die Homosexualität.

4.

DIE VERLETZUNGEN DER ORDNUNG

4.1 VERSTRICKUNG UND IDENTIFIZIERUNG

Wenn wir vermeinen, nach unserem Gewissen zu handeln, orientieren wir uns in der Regel an Werten, die wir über den Vorgang der Sozialisation verinnerlicht haben. Wir fühlen uns schuldig, wenn wir ein schlechtes Gewissen haben, also Handlungen vollziehen, die den Wertvorstellungen widersprechen, und fühlen uns dann meist dazu aufgerufen, die Dinge wieder in Ordnung zu bringen. Wir tun dies, indem wir vielleicht eine Aufgabe übernehmen, uns entschuldigen, auf etwas verzichten oder sonstwie einen Preis für unser „Vergehen" zahlen. Solcherlei Vorgänge sind uns bewusst. Wir wissen vielleicht nicht, dass unser „Gewissen" vom sozialen Umfeld installiert worden ist, aber wir wissen um unsere Gefühle und deren Zusammenhang mit den erfolgten Handlungen oder Unterlassungen.

Gleichwohl haben wir auch ein persönliches Gewissen, ein individuelles Gefühl dafür, was im Augenblick für uns die richtige Handlung ist. Dieses persönliche Gewissen können wir auch Intuition nennen, die Innere Stimme, das Höhere Selbst, das Spirituelle Selbst oder auch den Göttlichen Funken in uns. Welche Bezeichnung wir auch immer wählen, weil sie uns am ehesten entspricht, gemeint ist die innere Orientierungshilfe, die „weiß", was nottut.

Einer der größten Irrtümer unserer Zeit ist die Annahme, wir hätten eine Entwicklung zur Individualität vollzogen. Wir glauben, wir wären freier, persönlicher, eigenständiger als unsere Vorgänger und beziehen uns dabei auf die Errungenschaften der Demokratie, die enorme Präsenz der Medien, das Anwachsen der Informationen und unseren „freien" Willen. In Wahrheit erleben wir eine Normierung wie nie zuvor, machen uns aber vor, wir würden aus freien Stücken alle diese Dinge wollen und tun, die uns als „normal, notwendig, erstrebenswert und trendy" hingestellt werden.

Die Politik hat das normative Prinzip durch Reglementierung bis ins kleinste Lebensdetail ausgeweitet, mit der Vorgabe, so die Möglichkeiten für ein humanes Zusammenleben innerhalb der Gesellschaft zu schaffen. Dies hindert uns daran, uns selbst zu erkennen und unsere Persönlichkeit zu entwickeln. Die gegenwärtige Problematik liegt darin, dass sich das menschliche Bewusstsein in einem extremen Zustand befindet, da innere Orientierungshilfen aus dem Leben ausgesperrt sind. Umso mehr und entsprechend beherrschend melden sich die Einengungen durch gesellschaftliche Zwänge.

Laut einer Online-Umfrage finden nur 5 Prozent der 16- bis 49-jährigen Deutschen ihren Körper in Ordnung, 18 Prozent mögen ihr Äußeres überhaupt nicht. Demnach können wir uns leicht vorstellen, wie es den über 50-Jährigen zumute ist, die den Vorgaben von „forever young, attraktiv, dünn, leistungsfähig und dynamisch" noch weit weniger nachkommen können. Das zunehmende Vergessen unserer Inneren Kraft, die Unfähigkeit, unsere Innere Stimme noch zu hören und das zumindest offizielle totale Negieren der Inneren Welt beschleunigen den Prozess der äußeren Reglementierung.

Doch wir sind nicht Wesen, die so nebenbei eine Seele haben, wir sind manifestierte Seelen. Zusätzlich zu unserem oft nur mehr schwer zugänglichen persönlichen Gewissen sind wir eingebunden in ein zur Gänze verborgenes Gewissen, das wie ein Gleichgewichtssinn für alle Mitglieder einer Sippe wirkt. Dieses kollektive Sippengewissen gleicht jedes Unrecht an Vorgeordneten später an Nachfolgenden aus, unabhängig davon, ob die Nachgeordneten von diesem

Unrecht etwas wissen oder daran Schuld haben oder nicht. Es nimmt sich jener Menschen an, die wir aus unseren Herzen und aus unserem Bewusstsein ausgeschlossen haben. Es gibt keine Ruhe, bis diese Ausgeschlossenen wieder ihren rechtmäßigen Platz und ihre Würde zugesprochen bekommen haben.

Das Sippengewissen ist ein Teilhabe-Gewissen. Das heißt, wir finden es nicht nur in Familienclans, sondern in allen Gruppen und Gesellschaften, wo Menschen Gemeinsamkeiten teilen. Beispiele dafür wären eine Firma, eine Institution, ein Dorf, eine Region. Da sich das Sippengewissen der Ausgeschlossenen, Verfemten, Diskriminierten annimmt, bindet es alle Zugehörigen folgenschwer an diese Gruppe, indem wir als Anspruch und Verpflichtung (unbewusst) spüren, was andere in ihr erlitten und verschuldet haben. Und so werden wir in fremde Schuld, in fremdes Unglück, in fremdes Fühlen, Leiden, Sorgen und Denken, in fremden Streit und fremde Ziele blind verstrickt.

Die Hopi-Indianer scheinen uns diesbezüglich weit voraus zu sein. Ein Erlebnis am Ende meiner Studienzeit hat mich seinerzeit sehr beeindruckt. Ein Arzt, der nach Beendigung seiner Ausbildung in Österreich als Entwicklungshelfer zu den Hopis gegangen war, hielt für uns Studenten ein Gastreferat. Seine Einleitung lautete: „Ich bin zu den Indianern gegangen, weil ich dachte, ich könnte diesen Menschen helfen und ihnen viel von unserem Wissen bringen. Ich habe bald bemerkt, dass ich derjenige bin, der dort lernen kann, und ich bin in meinem Selbstbild sehr viel bescheidener geworden." Dann erzählte er uns, dass sich bei einer Erkrankung eines Mitgliedes der Sippe alle zusammensetzen und über die Frage nachdenken: Was haben wir falsch gemacht, dass einer von uns krank geworden ist? Die Hopis sind sich ihres Sippengewissens bewusst, und so kann das, was bei uns unbewusst abläuft und uns schadet, dort erkannt, geheilt und zum Guten gewendet werden.

Beispiele:

Ein 40-jähriger Mann leidet an Schilddrüsenüberfunktion. (Organsprache: Demütigung. „Ich bekomme nie das, was ich will. Wann komme endlich ich an die Reihe?") Anderen Menschen gegenüber fühlt er sich ausnahmslos unterlegen. Seit seiner Kindheit hat er Angst „nicht Ich sein zu dürfen" und denkt „von Außen kommt nichts Gutes". Ihm ist das nicht erklärlich. Als erster Sohn eines liebevollen Elternpaares wurde er gefördert und ernst genommen. In der Aufstellung zeigt sich, dass er mit dem Bruder seiner Mutter verstrickt ist, von dem er in seiner Kindheit gar nichts wusste. Dieser Onkel war das uneheliche Kind seiner Großmutter und von ihr „verschenkt" worden, da sie sonst, wie sie sagte, keinen Mann mehr gefunden hätte, der sie geheiratet hätte. Mit dem Großvater hatte sie außer der Mutter noch zwei Töchter, die alle „etwas Ordentliches lernten und gute Partien machten". Besagter Onkel kam später in ein Heim, brach eine Lehre ab und schlug sich als Gelegenheitsarbeiter durchs Leben. Seine Existenz war der Familie unangenehm. So ahmt der Neffe später, ohne das zu erkennen und ohne die Möglichkeit, sich dagegen zu wehren, das Schicksal dieses Onkels nach, indem er es, trotz bester Voraussetzungen in seiner Kindheit und Erziehung, „zu nichts bringt", krank wird und, obwohl im Wohlstand lebend, von Gefühlen der Angst und Unterlegenheit überwältigt wird.

Gottfried ist Vater eines erwachsenen Sohnes, dem gegenüber er sehr ambivalente Gefühle hat. So war er schon immer: hin- und hergerissen zwischen dem Bedürfnis nach Nähe und dem Gefühl von Ablehnung. Der Sohn war ein eineiiger Zwilling, sein Bruder starb bei der Geburt. Bei der Familienaufstellung wird der Vater danach gefragt, wer der Ältere der beiden sei. Dies war der lebende Sohn. Auf den Hinweis: „Du hast nicht einen Sohn, du hast zwei Söhne" reagiert er heftig. Dann stellt sich heraus, dass er selbst auch ein Zwilling war, der Erstgeborene, und sein Bruder starb ebenfalls bei der Geburt. Der verstorbene Zwilling des Vaters wurde nun neben ihn gestellt. Der Vater begann so zu zittern, dass er gehalten werden musste, er konnte kaum noch stehen. Seine Gefühle waren Angst, ja Panik vor dem toten Bruder, er konnte ihn nicht anschauen. Als er umgedreht wurde, beruhigte er sich ein wenig.

Nun kam die ganze Dramatik ans Licht: Während des Verlaufs seiner Geburt gab es einen Kampf der Zwillinge um den 1. Platz. Der Erste gewann das Leben, der Zweite musste sterben. Die Seele des Erstgeborenen, des Vaters, fühlte sich schuldig, sodass er in der unbewussten Angst lebte, der tote Bruder wäre ihm böse und hasse ihn wie einen Mörder. Als 20 Jahre später seine Söhne geboren wurden, wiederholte sich das Drama. Der Vater sah im erstgeborenen Sohn, der das Leben gewann, sich selbst. Und so entwickelte er für dieses Kind die gleichen Gefühle, die er für sich selbst hatte: Annahme und Wohlwollen, denn er war ja froh zu leben, und gleichzeitig Ablehnung und Verurteilung, da er glaubte, den Tod des Bruders auf dem Gewissen zu haben. Nach der Versöhnung mit seinem toten Zwillingsbruder verschwand die Angst. Wochen später teilte er mit, das Verhältnis zu seinem Sohn hätte sich grundlegend verbessert, er könne ihn nun vorbehaltlos annehmen.

Eva, 39 Jahre, hat eine Großmutter, die an Darmkrebs gestorben ist, eine Mutter, die eine Darmkrebs-Operation bisher überlebte und eine ältere Schwester, bei der kürzlich Darmkrebs diagnostiziert wurde. Die Großeltern hatten zusammen drei Kinder, zwei Söhne und eine Tochter, die Mutter Evas. Bei Kriegsbeginn 1938 musste der Großvater einrücken. Nach Kriegsende, als der Mann immer noch nicht zurück kam und die Großmutter Nachforschungen betrieb, stellte sich heraus, dass ihr Mann seit vielen Jahren in Deutschland eine zweite Familie, eine Frau und zwei Töchter, hatte, mit denen er zusammenlebte. Die Großmutter fuhr daraufhin an diesen Ort und holte den Mann mit massivem Druck zurück. Seine beiden Kinder aus der zweiten Verbindung wiederzusehen wurde ihm verwehrt. Diese Aktion der Großmutter wurde von ihrer Familie und im ganzen Dorf sehr bewundert. Man sah in ihr den Idealtyp der Frau und Mutter, die für ihre Ehe und Familie kämpft.

Von der Rangfolge her hat das neue System jedoch Vorrang vor dem alten, und so wirkt diese Rangverletzung weiter bis ins 3. Glied. Eine Erkrankung des Dickdarms weist auf unbewältigtes Vergangenes hin, das Unverdaute, Unverdauliche, den dicken Schlamm in unserem Leben. Die tiefe Verletzung der Großmutter, der lange bestehende Groll, können nicht durch Ausschluss der zwei Töchter des untreuen Ehemannes in Deutschland aufgehoben werden, wohl aber durch Anerkennung und Würdigung. Für Eva besteht die Lösung in der Anerkennung der beiden Tanten und der Aufhebung der Missachtung des (inzwischen ebenfalls verstorbenen) Großvaters, denn was und wie die Großeltern es miteinander konnten oder nicht konnten, ist deren Sache und geht die Kinder und Enkelkinder nichts an.

Die Identifizierung ist ein systemischer Wiederholungszwang. Das Frühere kommt noch einmal, wird neuerlich inszeniert, ohne aber zu einer echten Lösung zu führen. Durch die Wiederholung mischt sich ja wieder ein Nachfolgender in die Belange eines Vorderen ein und begeht daher neuerlich eine Rangverletzung. Die Identifizierung trifft am meisten jene in einem System, die sich am wenigsten wehren können, weil sie am meisten lieben. Dies sind in Familien die Kinder und die Enkelkinder.

Eine Besonderheit der Identifizierung ist die *doppelte Verschiebung*. Hier werden in einem ersten Schritt die Gefühle von einem anderen übernommen und dann auf eine weitere Person gerichtet, die so vollkommen unschuldig und unbedarft in Verstrickungen mit hineingezogen wird. Wenn TherapeutInnen mit Paaren und deren Beziehungsproblemen arbeiten, haben sie häufig mit solchen Dynamiken zu tun.

Beispiel:

Ein junger Bauernsohn hat Schwierigkeiten mit seinem Vater. Als der Sohn heiratet und den Hof übernimmt, mehren sich die Probleme und führen zu heftigen Wutanfällen gegenüber seinem Vater, die er jedoch unter Kontrolle zu halten versucht. Das wäre nun nichts Besonderes und eine Situation, die in vielen Bauernfamilien unter ähnlichen Umständen vorkommen mag. Jedoch wird der Altbauer als tolerant und umgänglich beschrieben, ein Mensch, mit dem man über alles reden kann. Der Sohn versteht es selbst nicht recht, zumal er sich ansonsten der Mutter ähnlicher fühlt, die eine stille, ruhige Frau ist.

Die Familiengeschichte ist folgende: Der Großvater (Vater der Mutter) hat die Großmutter mit der Magd betrogen, in der Zeit, da die Mutter ein kleines Mädchen war. Als die Magd schwanger wurde, wurde sie, wie in der damaligen Zeit häufig vorkommend, vom Hof gejagt. Über das Schicksal der Magd und des Kindes weiß man nichts mehr, außer, dass dieses Kind ein Mädchen und daher die fünf Jahre jüngere Halbschwester der Mutter ist. Die Mutter wuchs als Einzelkind und im Glauben, das einzige Kind zu sein, auf. In der Aufstellung kam ans Licht, dass diese „sanfte" Mutter einen unbändigen Hass auf ihren Vater in sich trug (den Großvater des Sohnes), der ihre Mutter (die Großmutter des Sohnes) betrogen und zutiefst gedemütigt und verletzt hatte. Ihr Sohn hat diesen Hass, den die Mutter nie zeigte oder auslebte, von ihr übernommen und richtet ihn nun seinerseits auf seinen Vater. Bei ihm kommt die Wut an, doch trifft sie einen Falschen.

Wo gehört die Wut hin? Die Großmutter hätte allen Grund gehabt, auf ihren Mann wütend und böse zu sein. Sie hatte ein Recht darauf. Doch stattdessen wurde der „Skandal" vertuscht, und die Tochter übernahm die Gefühle. Auch sie blieb im Schema des Unterdrückens stecken. So verschiebt sich der Affekt auf den Sohn, der ihn nun nicht gegen den Großvater, die tatsächliche Adresse, lebt, sondern gegen seinen Vater. Dieser bietet sich vom System geradezu an, weil er aufgrund seiner Weltanschauungen tolerant ist und seinem Sohn gegenüber hilflos: Er liebt ihn nämlich.

Diesen Vorgang nennen wir eine doppelte Verschiebung: die Verschiebung im Subjekt (Übernahme der Wut von der Mutter) und die Verschiebung im Objekt (Ausrichtung der Wut auf den Vater statt auf den Großvater).

Weiteres Beispiel:

Eine heute 45-Jährige wurde in jugendlichen Jahren mit einem Mann verheiratet, der ihrer Mutter sehr genehm war, da er in die Fußstapfen des verstorbenen Gatten treten und dessen Firma weiterführen konnte. Die Ehe war mühsam, die Frau fühlte sich von ihrem Mann beschnüffelt und kontrolliert. Sie warf ihm vor, ihr durch sein Misstrauen Schuldgefühle aufzuzwingen. Der Mann war geduldig und versuchte ihr ständig zu beweisen, dass er ihr in keiner Weise misstraue. Immer öfter griff sie ihn an und beschuldigte ihn, ihr allein schon mit dem Blick, mit dem er sie anschaue und mit der Art, wie er sich da vor sie hinstelle, Schuldgefühle zu machen. Schließlich starb er.

Als ihre Mutter alt war und die Tochter ihre Pflege übernahm, entwickelte sich ein bis dahin nicht vorhandenes innigeres Verhältnis zwischen den Frauen, die nun beide Witwen waren. Nun vertraute die Mutter ihrer Tochter an, dass sie ihren Mann, also den Vater der Tochter, öfter betrogen habe und drei Mal schwanger geworden sei. Sie habe jedes Mal abgetrieben, und der Mann habe nichts bemerkt. Sie habe sich nichts dabei gedacht, aber jetzt, wo sie alt sei, drücke sie ihre Vergangenheit manchmal. Nun war der Tochter, wenn auch spät, klar geworden, dass sie die verdrängten Schuldgefühle ihrer Mutter gelebt hatte und ihr verstorbener Mann völlig unschuldig in diese Dynamik hineingezogen worden war.

Am Beispiel der Lebensgeschichte von Christa, 30 Jahre, wollen wir uns nun noch den Prozess der Identifikation am Beginn seiner Entstehung anschauen. Christa möchte eine Aufstellung machen, weil sie nicht weiß, an welches Mannes Seite ihr Platz ist. Da gibt es einerseits einen Ex-Mann, mit dem sie einen achtjährigen Sohn hat. Die Scheidung wurde von ihr initiiert, der Mann möchte sie immer noch zurück haben, und sie selbst spürt, dass es dorthin noch irgendein Band gibt, das sie verbindet. Zum anderen ist sie mit einem verheirateten Mann liiert, der eine sechsjährige Tochter hat. Er würde sich sofort scheiden lassen, sagt Christa, die Beziehung zur Frau sei längst schon vor ihrem Erscheinen auseinander gegangen, aber der Mann hänge an seiner Tochter und wolle sie nicht verlassen. Wegen der Tochter wolle er bleiben, bis diese etwas größer sei.

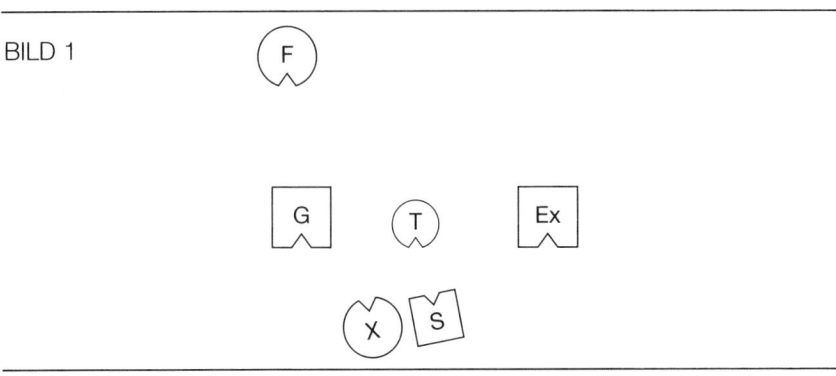

BILD 1

X = Stellvertreterin von Christa
Ex = geschiedener Mann von Christa
S = beider Sohn

G = Geliebter
F = Ehefrau vom Geliebten
T = beider Tochter

Der Geliebte fühlt sich neben seiner Tochter gut, er möchte aber auch seine Frau vorn haben, an seiner rechten Seite. Als diese dorthin gestellt wird, sagt er: *„Jetzt passt es. Ich habe zu ihr hin eine starke Bindung, ich brauche diese Frau ... meine Freundin da vorne gefällt mir ... aber es verwirrt mich auch."*

Nachdem einige Verschiebungen vorgenommen wurden, um auszuloten, ob es für die Tochter nicht einen besseren Platz gebe – zwischen den Eltern oder neben der Mutter –, zeigt sich, dass das Mädchen total auf Christa fixiert ist. Ihr Unbewusstes ist mit Christa verstrickt. Das heißt: Sie wird später einmal Probleme mit ihrer Mutter bekommen, da sie diese als Rivalin empfinden wird (wie die Geliebte), sie wird dem Vater anhängen und versuchen, die Mutter an den Rand zu drängen (wie die Geliebte), und sie wird sich als spätere Frau in Männer verlieben, die sie nicht wirklich haben kann, weil sie nicht für sie verfügbar oder anderweitig gebunden sind (wie die Geliebte).

Der Sohn Christas möchte seinen Vater näher bei sich haben. Plötzlich fängt der Ex-Mann zu weinen an. Auf die Frage der Therapeutin sagt er: *„Ich habe Angst, dass sie mir meinen Sohn wegnimmt. Das ist so ein starkes Gefühl ... ich habe sie verloren ... und ich habe Angst, den Sohn auch noch zu verlieren."*

Nun erzählt Christa, dass ihr Ex-Mann Kroate ist und in Kroatien lebt. Er fährt jeden Monat einmal nach Österreich, um seinen Sohn zu sehen, weil er sehr an ihm hängt.

SCHLUSSBILD
(Es ist die Stellung, in der sich alle Beteiligten wohl fühlen):
Die Stellvertreterin ist aus der Aufstellung herausgegangen, und Christa hat ihren Platz eingenommen.

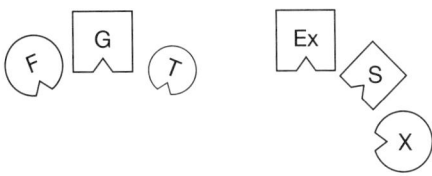

Im Auflösungsprozess versuchen wir, die Identifikation zwischen dem Mädchen und Christa aufzuheben. Dies gelingt oft auch in Stellvertretung (es ist ja nicht die wirkliche Tochter da, sondern nur eine Stellvertreterin). Die Tochter schaut dabei Christa so lange in die Augen, bis sie merkt, dass dort ein Gegenüber ist, etwas anderes, als sie selbst. Dann schaut sie ihre Mutter an und sagt dieser: *„Du bist für mich die Richtige. Mit der habe ich nichts zu tun."* Und zu ihrem Vater: *„Meine Mutter ist für mich die Richtige, mit der habe ich nichts zu tun."* Daraufhin sagt Christa zur Tochter des Geliebten: *„Ich achte in dir auch deine Mutter."*

Ihr eigener Sohn steht nun Vater und Mutter gleich nahe. Es bedeutet, dass es nicht genügt, wenn der Vater sein Kind besuchen kommen darf, sondern dass dieses auch Zugang haben muss zur Familie des Vaters, zu den Großeltern, Tanten, Onkeln, zur ganzen Sippe und zur Kultur des Vaters. Die Besuche müssen also auch von Österreich nach Kroatien ablaufen dürfen, gesteigert mit der Zeit in einem solchen Maße, dass der Sohn die Zugehörigkeit zur Vater-Sippe leben kann.

Christas Position ist frei und offen. Vor ihr liegt „die Welt". Die Stellung der heimlichen Geliebten hat keine Zukunft. Ihren Platz als Frau wird sie erst noch finden müssen. Ob dieser an der Seite ihres Ex-Mannes sein kann oder ganz woanders, wird sich zeigen. Sie wird „ihren" Platz finden, wenn sie lernt, „ihren" Weg zu gehen.

FALLBEISPIEL: GERHARD, 42 Jahre
„Warum gehen meine Beziehungen immer auseinander?"

Gerhard durchlebt gerade die Phase nach einer gescheiterten Beziehung. Die Partnerin hat ihn verlassen. Aus seiner Vergangenheit kennt er viele solcher Geschichten. Da reiht sich Beziehung an Beziehung, deren Ende dadurch entstand, dass entweder die Frau ihn oder auch er die Frau verlassen hat. Jetzt hat er einen Punkt erreicht, wo ihm sein Leben ausweglos erscheint. Das, was er sich am meisten wünscht, mit einer Frau gemeinsam durchs Leben zu gehen, ist ihm gründlich misslungen. Nun möchte er seine Herkunftsfamilie aufstellen und herausfinden, ob er Ursachen seines Scheiterns in seiner Familiengeschichte finden kann.

TH: *Was ist in deiner Familie passiert?*
GERHARD: *Ich habe vier Geschwister, zwei ältere Schwestern, einen jüngeren Bruder und eine jüngere Schwester. Mein Vater ist an einem Herzinfarkt gestorben, da war ich 19 Jahre alt. Ich habe keine gute Beziehung zu ihm gehabt, er war sehr streng zu mir. Außerdem war er oft betrunken. Meine Mutter lebt noch. Meine Geschwister haben alle Partnerprobleme bzw. Scheidungen.*
TH: *Gut, stell' das einmal auf.*
TH: *Wie geht es dem Vater?*
V: *Ich weiß gar nicht, was ich da soll. Meine Frau wendet sich von mir ab, mein älterer Sohn schaut so abschätzend zu mir herüber. Diese Tochter da* (er zeigt auf 2), *steht mir nahe.*

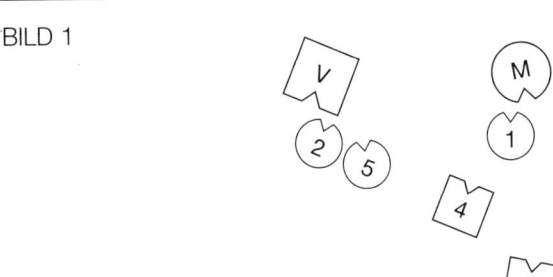

V = Vater
M = Mutter

1 = Erika, Älteste
2 = Maria

4 = Felix
5 = Edith, Jüngste
X = STV Gerhard

M: *Mir ist die Tochter (1) zu nahe, dann sehe ich noch meinen älteren Sohn, der ist mir wichtig, die anderen interessieren mich nicht.
Ich bin sehr unruhig.*
TH: *Die Eltern tendieren nicht nur voneinander weg, sie tendieren
auch aus dem System hinaus.*
(zu Gerhard): *Was ist mit dem Vater passiert? Hat es in seiner Familie etwas Außergewöhnliches gegeben?*
GERHARD: *Seine drei Brüder sind im Krieg gefallen. Seine Schwester ist ins Kloster gegangen. Und bevor er meine Mutter kennen gelernt hat, hatte er eine Bekanntschaft mit einem Mädchen, die dann
auch Nonne geworden ist.*
TH: *Diese drei gefallenen Brüder stellen wir auf.*

Die drei Brüder liegen mit dem Rücken auf dem Boden, die Füße
in Richtung zum Vater, Köpfe und Augen auf gleicher Höhe.

BILD 2

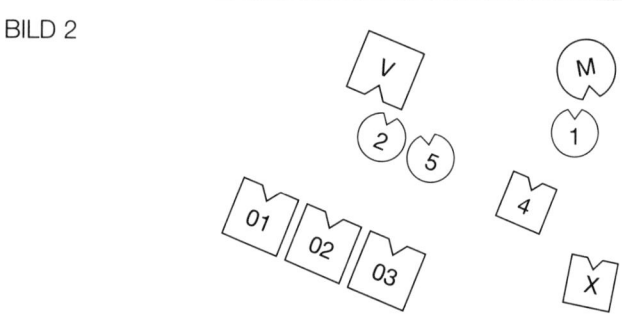

01 = 1. verstorbener Onkel   02 = 2. verstorbener Onkel   03 = 3. verstorbener Onkel

MARIA (2): *Ich will zum Vater hin und gleichzeitig zieht es mich vom Vater weg. Jetzt, wo die drei daliegen, noch mehr als vorher.*
GERHARD: *Ich möchte noch was dazu sagen. Die Maria hat mir einmal erzählt – das war lange nach Vaters Tod – dass er mehrmals versucht hätte, sie zu missbrauchen, oder auf jeden Fall sie sexuell zu berühren.*
V: *Mich zieht es zu den Toten hin, ich möchte mich dazu legen.*
TH: *Ja, das ist die Dynamik. Der Vater will weg, und die Tochter will ihn aufhalten. Sie tut das auch für die Mutter, die sich darum nicht kümmern will. Die hat ihre eigenen Probleme. Das schauen wir uns nachher noch an.*
TH (zum Vater): *Leg dich auf den Boden zu deinen Brüdern.*

Die beiden Töchter (2 und 5) wollen sich umdrehen.
TH: *Ja, gebt der Bewegung nach.*
MARIA (2): *Mir ist ganz schlecht.*
EDITH (5): *Mir zittern die Knie.*
FELIX (4): *Ich möchte mich auch umdrehen und sehen, was da los ist.*

BILD 3

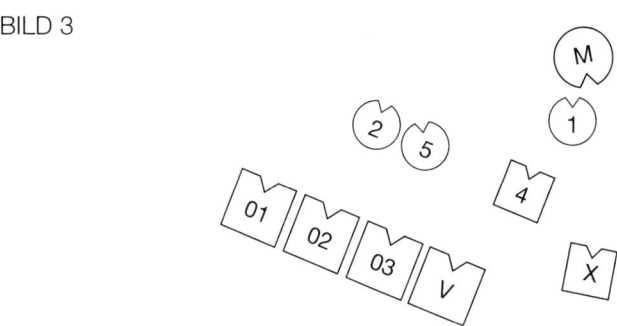

Die Therapeutin stellt das Bild um.

BILD 4

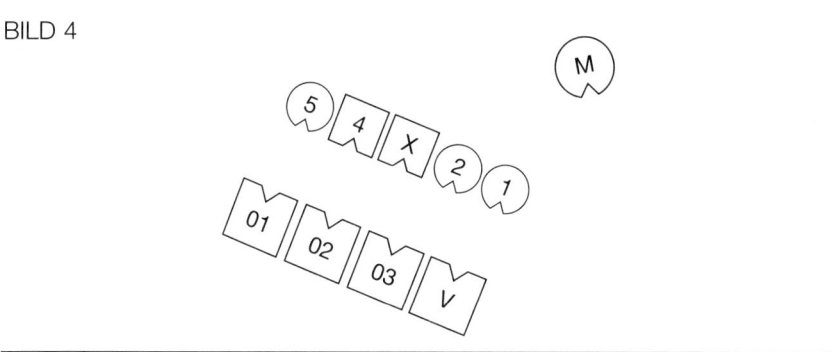

STV G steht ganz versteinert da und schaut auf den Vater und die drei toten Onkel am Boden.

TH: *Was ist jetzt bei dir? Wie fühlt sich das an?*

STVG: *Ich bin wie eingemauert. Ich sehe den Vater und seine Brüder da liegen, ich kann aber nichts tun. Ich kann auch nichts denken.*

TH: *Geh zum ersten Onkel hin und schaue ihn an ... Verbeuge dich vor ihm, geh ganz hinunter auf die Knie. Sag ihm: Du bist mein*

Onkel. Ich verbeuge mich in Achtung vor dir und deinem Schicksal.

STVG: *Du bist mein Onkel. Ich verbeuge mich in Achtung vor dir und deinem Schicksal.*

TH: *Das sind alles meine Geschwister. Bitte schau freundlich auf uns.*

STVG: *Das sind alles meine Geschwister. Bitte schau freundlich auf uns.*

Der Stellvertreter von Gerhard vollzieht den Vorgang anschließend beim zweiten und beim dritten Onkel und steht dann vor seinem Vater.

TH (zum Vater): *Was ist bei dir?*

V: *Mein Sohn klagt mich an. Ich weiß nicht warum, aber er verachtet mich irgendwie.*

TH (zum STVG): *Und du?*

STVG: *Ich hab einfach keinen Zugang zu ihm. Ich schaue ihn an, aber da ist nichts.*

TH (zu STVG): *Sag ihm: Mein lieber Vater, es tut mir Leid.*

STVG: *Mein lieber Vater, es tut mir Leid.*

TH (zum ersten toten Bruder): *Wie geht es dir?*

ERSTER TOTER BRUDER: *Ich fühle mich ganz ruhig. Wie der Neffe hergekommen ist und sich verbeugt hat, war das sehr gut. Ich möchte auch freundlich auf ihn und meine anderen Nichten und Neffen schauen.*

TH (zum zweiten toten Bruder): *Was ist bei dir?*

ZWEITER TOTER BRUDER: *Ich war zuerst wütend auf alle. Das hat sich gelegt, wie der Neffe mir seine Achtung gegeben hat.*

TH (zum dritten toten Bruder): *Und du?*

DRITTER TOTER BRUDER: *Ich habe einen besonderen Draht zu meinem jüngeren Neffen. Ich hätte es gerne gehabt, wenn er hergekommen wäre. Wie sich mein Bruder (V) neben mich gelegt hat, ist mir warm geworden, und ich habe gespürt, das passt.*

TH (zum V): *Wie geht es dir jetzt?*

V: *Mein Sohn löst Trauer in mir aus.*

TH: *Wir schauen uns zunächst noch an, was in der Familie der Mutter von Gerhard geschehen ist. Was ist da passiert?*

GERHARD: *Meine Mutter hat fünf Geschwister. Sie war die Älteste und hat sich um ihre jüngeren Geschwister kümmern müssen. Sie musste viel arbeiten. Der Großvater war im Krieg und dann in Gefangenschaft. Die Familie war sehr arm.*

TH: *Und was sonst?*

GERHARD: *Meine Mutter hat sich mit 19 Jahren verlobt. Der Bräutigam musste dann auch in den Krieg. Er ist nicht mehr zurückgekommen, er galt als vermisst. Meine Mutter hat dann meinen Vater geheiratet.*

Die TH stellt das ursprüngliche Bild mit der Mutter noch einmal auf.

TH (zu Gerhard): *So, jetzt suche dir einen Stellvertreter für den Verlobten und stelle ihn dazu.*

BILD 5

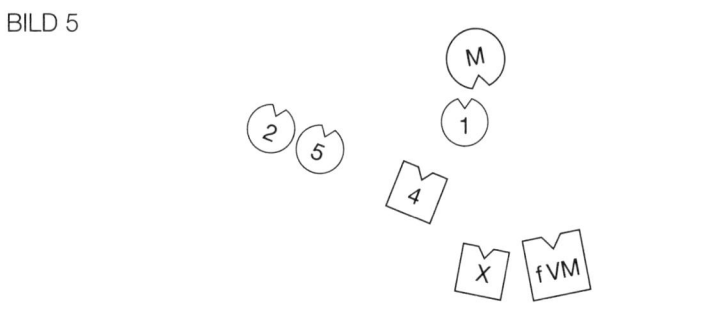

---

fVM = früherer Verlobter der Mutter

Der frühere Verlobte der Mutter schaut, kaum auf den Platz gestellt, mit strahlendem Lächeln zur Mutter hin.

M: *Mir wird ganz heiß.*
FVM: *Ich möchte zu ihr hin.*
M: *Ja, das ist es, ich möchte auch zu ihm hin.*

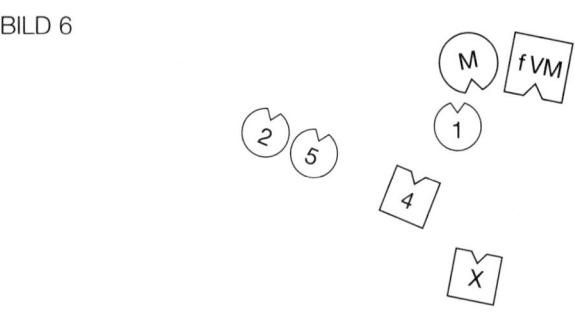

M und FVM schauen sich an, lachen, rücken ganz nah zusammen.

TH: *Die beiden sind glücklich miteinander.*
(zu STV G): *Wie ist das für dich?*
STV G: *Ganz eigenartig. Ich muss unverwandt hinschauen. Aber
das ist sehr unangenehm ... ich fühle mich total verlassen ... als
wenn ich jetzt meinen Platz verloren hätte ...*
TH: *Das könnte das Gefühl des früheren Verlobten sein. Gerhard
ist mit ihm identifiziert.*
(zu FVM): *Wie geht es dir jetzt?*
FVM: *Ich habe das Gefühl, ich habe jetzt meinen richtigen Platz.*
TH: *Und die Mutter?*
M: *Dass das möglich ist, ein dermaßen starkes Gefühl zu ihm hin.
Mich interessiert nur mehr er.*

Die TH fordert Gerhard auf, nun seinen Platz in der Aufstellung einzunehmen.

TH: *Schau sie alle mal an.*

Gerhard schaut seine Mutter und den früheren Verlobten an. Er atmet ganz flach, hält fast den Atem an, und beißt die Zähne zusammen. Dann füllen sich seine Augen mit Tränenwasser.

TH: *Geh zu diesem Mann jetzt hin ... schau ihn an ... schau ihm in die Augen. Sieh, dass er ein Gegenüber ist.*

Nach einiger Zeit ...

TH (zu Gerhard): *Sag ihm jetzt: Ich habe mit dir nichts zu tun. Ich bin das Kind von meiner Mutter.*
GERHARD: *Ich habe mit dir nichts zu tun. Ich bin das Kind von meiner Mutter.*
TH: *Ich nehme mein Leben zu dem Preis, den es dich gekostet hat.*
GERHARD: *Ich nehme mein Leben zu dem Preis, den es dich gekostet hat.*
TH: *Und ich gebe dir die Ehre.*
GERHARD: *Und ich gebe dir die Ehre.*

Der FVM lächelt Gerhard an.

TH (zu Gerhard): *Geh jetzt zu deiner Mutter, schau sie an. Sag ihr: Liebe Mama, mit deinem früheren Verlobten habe ich nichts zu tun. Ich bin nur ein Kind.*
GERHARD: *Liebe Mama, mit deinem früheren Verlobten habe ich nichts zu tun. Ich bin nur ein Kind.*
TH: *Ich bin dein Sohn und ich schaue auf dich als dein Sohn.*
GERHARD: *Ich bin dein Sohn und ich schaue auf dich als dein Sohn.*

Die TH hat inzwischen dem Vater Anweisung gegeben, aufzustehen. Er steht jetzt aufrecht in der Reihe neben den toten Brüdern. Nun holt sie Gerhard und führt ihn zu seinem Vater hin. Die beiden stehen sich gegenüber und schauen sich an. Der Vater greift aus einer inneren Bewegung heraus nach den Händen seines Sohnes.

TH (zu Gerhard): *Sag ihm: Du bist der Richtige für mich. Mit dem anderen Mann habe ich nichts zu tun.*
GERHARD: *Du bist der Richtige für mich. Mit dem anderen habe ich nichts zu tun.*

Der Vater schaut seinen Sohn mit liebevollen Augen an.

TH: *Papa, ich bin jetzt zu dir gekommen, um dir danke zu sagen.*
GERHARD: *Papa, ich bin jetzt zu dir gekommen, um dir danke zu sagen.*
TH: *Du hast mir das Leben gegeben und deine Kraft.*
GERHARD: *Du hast mir das Leben gegeben und deine Kraft.*
TH: *Ich nehme das alles an und danke dir dafür.*
GERHARD: *Ich nehme das alles an und danke dir dafür.*
TH: *Es wird mich begleiten im Leben und ich achte es und ehre es.*
GERHARD: *Es wird mich begleiten im Leben und ich achte es und ehre es.*
TH: *Schau, Papa, das ist mein Leben, da sind alle die Frauen, mit denen mir die Beziehungen misslungen sind.*
GERHARD: *Schau, Papa, das ist mein Leben, da sind alle die Frauen, mit denen mir die Beziehungen misslungen sind.*
TH: *Bitte, Papa, schau auf mich, damit ich es in Zukunft besser machen kann. Bitte, gib mir deinen Segen.*
GERHARD: *Bitte, Papa, schau auf mich, damit ich es in Zukunft besser machen kann. Bitte, gib mir deinen Segen.*

Gerhard schließt jetzt die Augen, während der Vater ihm beide Hände auf den Kopf legt ... Nach einer Weile ...

TH (zu Gerhard): *Wie geht es dir?*
GERHARD: *Glücklich, ich bin einfach glücklich.*
TH: *Sag dem Papa noch: Lieber Papa, du bist jetzt tot, aber in meinem Herzen lebst du weiter.*
GERHARD: *Lieber Papa, du bist jetzt tot, aber in meinem Herzen lebst du weiter.*
TH: *Und ich mache mir jetzt ein gutes Leben, dir zur Ehre und dir zum Andenken, Papa.*
GERHARD: *Und ich mache mir jetzt ein gutes Leben, dir zur Ehre und dir zum Andenken, Papa.*
TH: *So, und jetzt mache ich die Schlussstellung.*

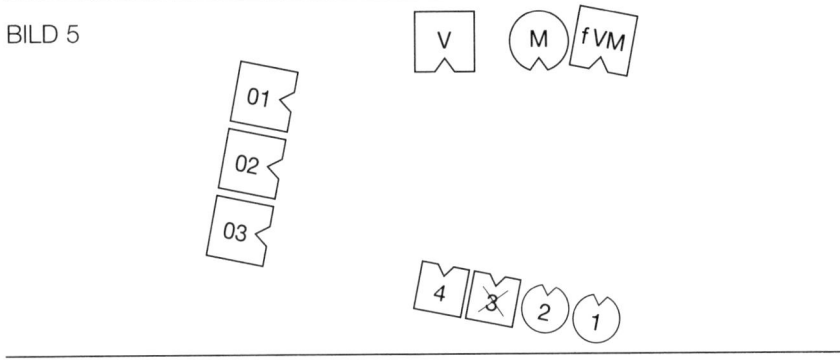

BILD 5

TH (zu Gerhard): *Wie ist das?*
GERHARD: *Phänomenal.*

Er legt seine Arme links und rechts auf die Schultern der Geschwister, die anderen tun dasselbe, bilden eine Geschwisterreihe und strahlen sich an. Die ganze Gruppe lacht.

Gerhards Familiendrama ist die Geschichte einer unglücklichen, weil glücklichen Liebe. Wie das? Die Mutter hat ihren ersten Partner, den Verlobten, durch den Tod verloren. Der Prozess des Wartens und Sehnens hat sich durch Krieg und Gefangenschaft über Jahre hinausgezogen. Der Tod hat schließlich daran nichts geändert. Die Mutter hat zwar später einen anderen Mann, den Vater, geheiratet, aber in ihrem Herzen blieb sie dem ersten verbunden. Die beiden waren und blieben das Paar. Dadurch konnte sie ihren zweiten Mann nicht wirklich zum Mann nehmen und nicht wirklich seine Frau werden.

Wie immer, wenn solche Sachverhalte in Tragik münden, wurde alles vertuscht und verdrängt. Die Mutter hat erst viel später, als der zweite Mann schon lange gestorben war, dem Sohn von ihrer ersten Liebe erzählt. Dabei kam heraus, dass auch der Vater davon nichts wusste. Gerhard hat als Kind der Eltern aber sehr wohl mitbekommen, dass der Vater Kontakt und Nähe zur Mutter gesucht hat, diese sich aber stets kühl und abweisend verhielt. Der Vater spürte die Ablehnung ohne die Hintergründe zu kennen und war daher chancenlos, eine Veränderung herbeiführen zu können.

Die Aussage von Schwester Maria, der Vater hätte sie in ihrer Kindheit sexuell berührt, wäre schlüssig. Die Erkenntnisse von Hellinger, der familiendynamische Hintergrund bei Inzest wäre ein unausgeglichenes Geben und Nehmen zwischen dem Elternpaar, hat sich in Aufstellungen immer wieder bewahrheitet. Bei einem Gefälle von Geben und Nehmen sind beide Eltern an dem Missbrauch beteiligt, der Vater im Vordergrund, die Mutter im Hintergrund. Einer der erklärenden Ansatzpunkte ist der, dass die Tochter für die Mutter einsteht, das heißt, einen Ausgleich macht für fehlendes Geben der Mutter.

Wenn wir uns an Gerhards Aufstellung erinnern (BILD 2), sehen wir das Auseinanderdriften der Eltern und die Tochter, die sich dem

Vater in den Weg stellt. Sie fühlt sich hingezogen und will gleichzeitig weg. Der Vater hat durch den tragischen Tod seiner drei Brüder Schuldgefühle. *Warum mussten die sterben und er blieb am Leben?* Menschen in solchen Situationen getrauen sich nicht mehr, das Leben voll anzunehmen. Sie leben das Leben nur zögernd und wollen unbewusst den Ausgleich herbeiführen, indem sie den Toten nachgehen. Der Vater hat es ja auch so gemacht und ist frühzeitig gestorben. Das war es, was die Tochter, wiederum unbewusst, verhindern wollte. Die Beziehung der Mutter zum Vater war zu lasch, da war keine Kraft drinnen, um den Mann zu halten.

Gerhard, der erstgeborene Sohn, war mit dem früheren Verlobten der Mutter identifiziert. Was heißt das in seinem Fall genau? Gerhard hat das Schicksal vom früheren Verlobten übernommen. Ein Schicksal übernehmen heißt: Ich schaffe mir (unbewusst) Situationen, wo sich das übernommene Schicksal an mir erfüllen kann. Ich benehme mich (unbewusst) so, dass meine Partnerin mich verlassen muss, ich wähle mir (unbewusst) solche Partnerinnen, mit denen sich meine Verstrickung erfüllen kann. Das Schicksal heißt: Ich verliere immer wieder meinen Platz an der Seite (m)einer Frau. Durch die Aufhebung der Identifikation (Sehen, was ist: *Ich habe mit dir nichts zu tun, du bist jemand anderer, nicht ich; ich bin* das Kind *meiner Mutter, und mein Vater ist der Richtige für mich;* anerkennen und würdigen) wird befreites Leben möglich. Anerkennen und würdigen heißt in diesem Fall auch erkennen, dass das eigene Leben nur deshalb möglich war, weil der andere verzichten musste. Der frühere Mann hat in diesem Sinn einen hohen Preis bezahlt, er hat sein Leben gegeben und den Weg frei gemacht. Wenn das gesehen wird, erkennt man auch die Kostbarkeit und den Wert des eigenen Lebens.

Gerhard hat drei Monate nach seiner Familienaufstellung eine Frau kennen und lieben gelernt. Die Beziehung funktioniert jetzt $1^{1}/_{2}$ Jahre, und er ist „guter Hoffnung", dass sie diesmal Bestand haben möge. Im Nachhinein ist ihm vieles klarer geworden, was er in seinen früheren Partnerschaften an Störfaktoren initiiert hat. Zu seinem Vater empfindet er – diese Veränderung erstaunt ihn am meisten – ein tiefes Gefühl von Zuneigung und Respekt. *„Ich habe ihn zu seinen Lebzeiten ständig kritisiert. Ich war in Opposition zu ihm und wollte ihn ganz einfach verachten. Ich habe ihn nicht an mich herangelassen."*

Mit den übernommenen Gefühlen des früheren Verlobten verstrickt, wurden ihm seine Gefühle dem Vater gegenüber verständlich: Er war sein Konkurrent, er musste ihn ablehnen, er musste ihn gering machen. *„Jetzt ist er wirklich in meinem Herzen. Ich habe das Gefühl, auch er schaut ganz wohlwollend auf mich."*

4.2. DER ARCHAISCHE ERLÖSUNGSIMPULS
Durch eigenes Leiden die Leiden anderer erlösen wollen

Diesen in Familiensystemen wirkenden Impuls kennen wir schon aus dem Märchen (Tierbräutigam-Märchen). Jemand ist verzaubert und wird durch die Bereitschaft eines *reinen, jungen* Menschen, ein Opfer zu bringen, erlöst. In der Tat kann die Berufswahl von Nonnen, Priestern, Krankenschwestern und anderen „sich aufopfernden Berufen" auf einen solchen Impuls im System zurückgeführt werden. *Ich mache das für dich, damit es dir besser geht. Ich rette dich, ich erlöse dich.*

In der Psychotherapie schon länger bekannt ist die innere Loyalität des Kindes mit seiner Mutter. Wenn es der Mama schlecht geht, spürt es das Kind. Das braucht die Mama ihm gar nicht zu sagen, das Kind „weiß" es. Nicht nur das ältere Kind, das kraft seines schon entwickelten Intellekts die schwere Situation der Mama erkennen kann, sondern das kleine Kind, von dem viele Eltern heute noch glauben, es bekäme ja noch nichts mit. Das Kind „weiß" es kraft seiner Seele. Es fühlt mit seiner Mutter, es fühlt *wie* die Mutter. Es lebt ganz tief in seiner Seele die Gefühle der Mutter. Das geschieht schon im Mutterleib und hat dementsprechende Konsequenzen. Denn einmal recht einfach ausgedrückt: Wenn es der Mutter gut geht, geht es dem Kind gut, wenn es der Mutter schlecht geht, geht es dem Kind schlecht.

Die seelische Verbindung des Kindes mit seiner Mama bewirkt nun, dass das Kind sich mit ihr identifiziert und ihre schweren Gefühle übernimmt. Das kann Trauer sein, das Gefühl von Einsamkeit oder Überforderung, sich nicht mit der neuen Situation zurechtfinden können, Ängste vor der Zukunft, Angst, es nicht zu schaffen und vieles mehr. Wir brauchen uns nur in Situationen schwangerer Frauen hineinzudenken. Wie mag es dagegen sein, wenn die Frau einen liebevollen Partner hat, der sich mit ihr auf das Kind freut und bedingungslos „Ja" dazu sagt? Wenn die eigenen Eltern positiv dazu stehen und die neue Rolle der Tochter achten? Wenn die finanziellen Möglichkeiten stimmen und eine Zukunft mit Kind auch materiell machbar scheint? Und wie mag es sein, wenn der Partner Zweifel zeigt, wenn er Seitensprünge macht, wenn er die Frau lieblos behandelt oder sie vielleicht sogar aufgrund der Schwangerschaft verlässt? Wie mag es sein, wenn die Frau allein stehend ist, wenn sie für alle Belange allein sorgen muss? Wenn die Mutter zu ihr sagt: „Muss das denn sein, auf was hast du dich denn da eingelassen?" Und der Vater seine Missbilligung durch Distanz zur Tochter ausdrückt?

Aus diesen wenigen Beispielen und unserem Hineinversetzen in die Situation der schwangeren Frau wird nun deutlicher, welche Rolle eine Gesellschaft als Ganzes für die werdenden Mütter und in Konsequenz für die nächste Generation von Menschen spielt. Denn wenn wir diese Frauen achten, ihnen mit Aufmerksamkeit begegnen, sie würdigen, oder wenn wir sie übersehen, sie allein lassen, einfach nur hinnehmen oder gar nicht würdigen, es wird auf jeden Fall Gefühle in den betroffenen Frauen entstehen lassen, und diese Gefühle tragen auch die noch ungeborenen Kinder. So werden die Menschen schon geboren mit der inneren Einstellung: „Ich bin wichtig und wertvoll, und ich habe meinen richtigen Platz in dieser Welt" oder aber: „Es ist alles so schwer, ich fühle mich allein, ich bin ja doch nicht wichtig." Im jeweiligen Umgang mit der schwangeren Frau begrüßen wir den neuen Erdenbürger und heißen ihn willkommen, oder wir übersehen ihn und bringen unsere Gleichgültigkeit dar.

Nun nochmals zurück zum angesprochenen „Erlösungsimpuls". Wir haben es hier mit magischem Denken, mit der archaischen Vorstellung zu tun, wir könnten andere von ihrem Leiden erlösen, wenn wir selbst das Leid übernehmen. Wenn es mir schlecht geht, ist es für dich besser. Dieses archaische Denken steckt tief in uns. Wer kennt es nicht, das Sich-nicht-zu-lachen-Getrauen in Gegenwart von uns lieben Menschen, denen es gerade schlecht geht? Wir getrauen uns nicht, in deren Gegenwart glücklich zu sein oder unser Glück nach außen zu zeigen, gerade so, als ob unser eigenes Nichtglücklich-Sein das Nicht-glücklich-Sein des anderen aufheben würde. Diesen Vorgang nennen wir den negativen Ausgleich.

Das Kind, hineingeboren in eine Familie und ihr mit allen Fasern seines Seins anhängend, spürt die „Unordnung" in dieser Familie. Die Unordnung ist gegeben, wenn die Ordnungen der Liebe (Kapitel 4.2.) nicht erfüllt sind. Die Last des schweren Schicksals eines der Sippe Zugehörigen wird ihm nicht von irgendjemandem auferlegt, das Kind nimmt es von selbst, und es nimmt es aus Liebe zu seiner Familie.

Der negative Ausgleich ist uns nicht bewusst. Wir tun dies aus einem inneren Impuls heraus. Wenn wir durch die Methode des Familienaufstellens diesen Impuls nun deutlich machen, das Unbewusste also bewusst werden darf, dann ist wirkliche Erlösung möglich. Die wirkliche Erlösung zeigt sich im Positiven. Der Ausgleich wird nicht dadurch geschaffen, dass das Leid übertragen wird auf den nächsten, sondern dadurch dass es dort bleibt, wo es hingehört, von den anderen jedoch gesehen, anerkannt und geachtet wird. Ich gebe dem Menschen, der ein Leid erfährt – was immer dieses Leid sein mag – meine höchste Achtung und würdige ihn und sein Leid dadurch.

Levin, Mitarbeiter von Elisabeth Kübler-Ross und Meditationslehrer, drückt diesen positiven Ausgleich sehr treffend aus, wenn er meint: „Du bist nicht dazu da, jemanden zu *retten*. Du bist da, ein offener Raum zu sein, in dem er (Anm.: der Leidende) tun kann, was auch immer er tun muss, ohne in seiner Erfahrung auch nur im geringsten von dir beeinflusst zu werden. Wenn du auf den Schmerz eines anderen mit Angst reagierst, ist das Lindern des Leidens eines anderen für dich ein Mittel, deine eigene Angst (missliche Lage etc.) zu mindern. Wenn du mit dem anderen mitleidest, erzeugst du bei ihm nur noch mehr Angst und Isolation. Wenn du ihm seinen Schmerz nehmen willst, beraubst du ihn. Man nimmt einer Person nicht das, was sie nicht von sich aus geben möchte. So wie du jemandem nicht sein Geld oder sein Essen raubst, so raubst du ihm auch nicht seinen seelischen oder geistigen Zustand. Wenn du dein Herz sprechen lässt, dann sendest du Liebe aus und nicht deine Bedürfnisse oder dein Verlangen danach, dass ein anderer Mensch so sein soll, wie du es für besser hältst."[13]

So ist dies eine Grundvoraussetzung für TherapeutInnen, die mittels Familienaufstellungen arbeiten wollen: Man darf keine Angst haben, nicht vor dem, was sich da auftut, und nicht vor dem, welche Folgen es hat. Die Angst verhindert nämlich, dass sich das Herz öffnen kann. Die Angst schafft Blockaden, Dämme, Isolation. Die Angst des Therapeuten würde selbstverständlich vom Klienten aufgefangen werden.

---

13) Levine, Stephen: Wer stirbt?, S. 152

Ein(e) TherapeutIn nimmt dem Klienten auch nichts weg, man nimmt ihm die Last nicht ab. Jedoch ist es durch die Dynamik der Familienaufstellung oftmals möglich, einen Weg zu zeigen, der nun für den Betroffenen offen ist. Dieser Weg führt in einen Raum größerer Klarheit, der der Seele gestattet, weich und transparent zu werden und sich nun auch bewusst mit einem viel größeren Gesamten zu verbinden. In dieser Transparenz fühlen wir uns auf einmal ganz leicht, so leicht und trotzdem voller Kraft. Das Ich verweigert sich nun nicht mehr der Zugehörigkeit zu einer noch größeren Seele als dem individuellen Selbst.

Das ist der große Verdienst Bert Hellingers. Er hat uns gezeigt, wie die von G.C. Jung gemachten Erkenntnisse über das *Kollektive Unbewusste* therapeutisch nutzbar und damit empirisch erfassbar werden. Die hinter dem Familienaufstellen stehende Philosophie rückt ab von der reinen Erkenntnistheorie und dem seit den 50er-Jahren sich weltweit durchsetzenden Positivismus[14], die auch und gerade im Bereich der Psychologie und Psychiatrie fest verankert sind. Eine Katastrophe für die Psychologie. Der Positivismus kennt keine Seele, kann der Seele daher auch keine Heilung bringen.

Bei der Familienaufstellung nach Bert Hellinger haben wir teil an Prozessen, die uns erkennen lassen, dass es noch eine andere Form der Übermittlung von Wissen und Erfahrung gibt als unseren Intellekt und unsere fünf Sinne. „Unsere so genannte Seele verbindet uns mit einer größeren Seele. Sie verbindet uns mit unserer Familie (unserer Sippe, Anm. der Autorin) und, über diese hinaus, mit dem, was ich die große Seele nenne. In ihr sind alle mit allen verbunden, und zwar wissend. Wir wissen es. Wir haben dieses teilnehmende Wissen. In der Familienaufstellung kommt dieses Wissen zum Tragen. Und zwar in den Teilnehmern und vor allem im Therapeuten, wenn er das zulässt. Wenn der Therapeut selber noch in der Philosophie

14) Positivismus = rational begründete Weltanschauung. Nur das, was statistisch/mathematisch erfasst werden kann, existiert. Das, was sich nicht dermaßen erfassen lässt, ist Nichts.

befangen ist, dass Wissen auf Mitteilung beruht, und er meint, dass er zum Beispiel alle Informationen von jedem Einzelnen erfragen muss, bis er alles weiß, und erst an diesem Punkt zu handeln beginnt, dann hat er den Kontakt zu dieser großen Seele verloren."[15]

Wer lange genug mit Menschen auf dieser Ebene arbeitet, merkt, dass wir in einer tieferen, in einer ganz tiefen Schicht, alle gleich sind. Wir sind eins. Die Unterschiede tun sich auf, wenn wir in die äußeren Schichten hinausgehen, und je mehr wir an der Oberfläche sind, desto tiefer können die Kluften zum anderen Menschen sein.

Die/der TherapeutIn erfährt und erlebt den Prozess also mit, doch lässt sie/er sich nicht in die Gefühlsregungen der Beteiligten hineinziehen. Wenn das geschähe, käme es zu keiner Lösung. Sondern sie/er bleibt offen und schwingt mit den sich zeigenden Energien und Bewegungen mit. Und (ein meines Erachtens wesentlicher Punkt) vermittelt das Gefühl: Ich bin da, was immer geschieht, du bist nicht allein. Ich vertraue darauf, dass du mit deiner Situation, deinem Schicksal, deinem Leben nun gut umgehen kannst. Dieses gegenseitige Vertrauen bestärkt den betroffenen Menschen, sich selbst zu vertrauen und zu seiner Situation und seiner Verantwortung zu stehen.

FALLBEISPIEL: EDDA, 35 Jahre
„Man hat mir meine Kinder genommen."

Edda nimmt an einem Familienstellen-Seminar teil, weil sie massive Schlafstörungen hat. Werdegang und Lebenssituation schildert sie kurz folgendermaßen:

Mit 20 Jahren Heirat mit ihrem ersten Freund, sie bekommt eine Tochter und einen Sohn. Während der zweiten Schwangerschaft

---

15) Hellinger, Bert: Wie Liebe gelingt, S. 323

übernimmt ihr Mann den Produktionsbetrieb der Schwiegereltern. Von Edda wird erwartet, dass sie dort mitarbeitet. Sie verköstigt unter anderem die 20 Angestellen der Firma. Ihr Tag dauert von 6 Uhr früh bis Mitternacht. Das zweite Kind wird geboren, vom Krankenhaus nach Hause geht die Arbeit gleich wieder los. Ihre geliebte Großmutter stirbt in dieser Zeit. Dann „konnte ich plötzlich drei Nächte hintereinander nicht mehr schlafen, da habe ich irgendwie durchgedreht. Mein Mann beachtete es nicht, aber meine dreijährige Tochter lief zur Schwiegermutter, sie hat bemerkt, dass mit mir etwas nicht stimmte."

Der Arzt gibt eine Beruhigungsspritze, sie schläft zwei Stunden lang, wird dann wieder munter. Daraufhin wieder eine Spritze, mit doppelter Dosis. Sie schläft nun zwei Tage durch und wird anschließend auf Tabletten eingestellt. In der Folge treten Depressionen auf, sie bekommt immer wieder Infusionen. Die Diagnose der Ärzte: Stillpsychose. Niemand fragt sie nach ihren seelischen Problemen, niemand kommt auf die Idee, ihr einen Teil der Arbeitslast abzunehmen, ganz im Gegenteil, der Betrieb wird weiter ausgebaut, sie bekommt ihr drittes Kind, fünf Jahre später kommen die gleichen Symptome wieder: Unruhe, depressive Verstimmungen, Schlafstörungen. Um die drei Kinder muss sie sich fast allein kümmern, weil das nach Meinung ihres Mannes ja „die Aufgabe der Frau sei".

Vom konsultierten Nervenarzt bekommt sie wieder Tabletten verschrieben. Edda bekommt Gewichtsprobleme, wird dicker, der Mann nimmt sich eine Freundin und beginnt mit seinem „Psychoterror". Er beschimpft sie, stellt sie vor anderen bloß, beleidigt und demütigt sie, seine Mitarbeit im Betrieb wird immer weniger, immer seltener kommt er nach Hause. Den Kindern sagt er: „Eure Mutter spinnt, vor der müsst ihr euch in Acht nehmen." Diese Äußerungen macht er auch gegenüber seinen Verwandten, den Nachbarn, im sozialen Umfeld. Eines Nachts, während sie schläft, verschwinden die Kinder. Der Vater hat sie ins Haus seiner Schwester gebracht, wegen angeblicher Unzurechnungsfähigkeit seiner Frau. Der Zugang in dieses Haus wird Edda verweigert, aus dem eigenen Haus und Betrieb drängt man sie hinaus.

Das liegt jetzt 1½ Jahre zurück. Edda ist inzwischen geschieden und kämpft immer noch um ihre Kinder. Damit sie schlafen kann, nimmt sie täglich Schlafmittel. Sie hat wieder 15 Kilo abgenommen und eine Anstellung in einer renommierten Firma gefunden. Edda ist eine hübsche, immer noch jung wirkende Frau, die in den Tagen des Seminars als zurückhaltend, liebevoll und besonders feinfühlig aufgefallen ist. Sie kann ihre Lebensgeschichte überhaupt nicht verstehen und möchte ihre Herkunftsfamilie aufstellen, um eventuelle Hintergründe zu finden, die sie in ihre Lebensmisere hineingeführt haben. Sie sagt: „Es war wie ein Alptraum, ich verstehe nicht, warum mir das alles passieren musste."

Edda macht jetzt ihre Aufstellung. Für sich selbst wählt sie ebenfalls eine Stellvertreterin.

BILD 1

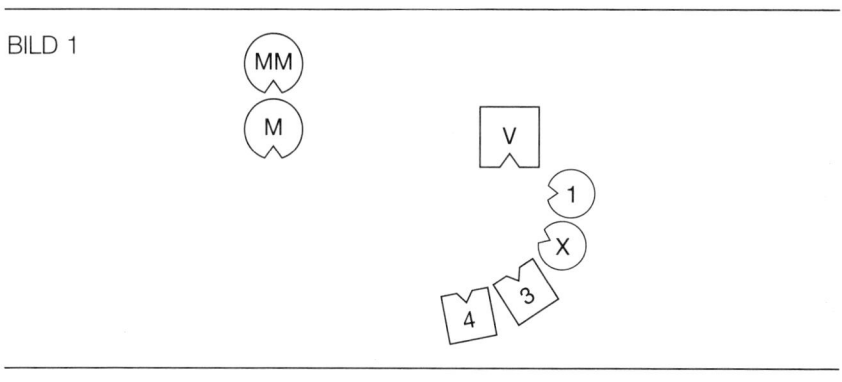

M = Mutter	V = Vater	1 = 1. Kind, älteste Schwester
MM = Mutter der Mutter	X = Edda	3 = 3. Kind, jüngerer Bruder
(Großmutter)		4 = 4. Kind, jüngster Bruder
TH = Therapeutin	STV = Stellvertreterin von Edda	

TH (zu M): *Wie geht es dir?*

M: *Zu meinen Kindern hin ist Wärme, obwohl ... das ist eigenartig ... zum letzten Sohn hin ist ein Loch ... und zu meinem Mann hin, da ist auch nicht viel.*

TH: *Wie geht es dem Vater?*

V: *Ich spüre da einen Druck (zeigt zur Frau) und mich zieht es irgendwie nach vorn ... der Jüngste, der schaut mich nicht sehr freundlich an ... da liegt irgendwas drin.*

TH: *Und die Großmutter?*

MM: *Ich sehe da nichts, und es tut mir Leid, dass ich da nichts sehe, aber sonst geht es mir sehr gut ... er (zeigt auf den Mann ihrer Tochter) sollte ein bisschen näher herkommen.*

STV: *Mich zieht es in den Armen.*

Bruder (3. Kind): *Ich fühle mich in der Reihe wohl, aber nach links hin ist ein Loch.*

Bruder (4. Kind): *Also, wenn ich nicht wüsste, dass das der Vater ist, ich hätte es nicht für möglich gehalten, es ist irgendwie komisch ... mir sind auch zu viele Leute da, mir kommt vor, ich sehe alles nur schräg ... so von einer Seite aus ... ganz komisch.*

Die Aufstellung zeigt einen offenen Platz vor der Mutter, wo sieht sie hin? Die Großmutter (MM) steht knapp hinter ihrer Tochter, ist aber direkt im Blickfeld von Edda.

TH (zu Edda): *Was ist in der Familie deiner Mutter passiert?*

Edda: *Vier Geschwister meiner Mutter sind bei der Geburt bzw. bald danach gestorben. Davon hat aber niemand geredet. Erst jetzt, wo ich von meiner Mutter Informationen wegen dieses Seminars wollte, hat sie davon gesprochen. Ich wusste es also nicht.*

Edda wählt Stellvertreter für die vier toten Kinder (zwei Mädchen und zwei Jungen) aus, und die Therapeutin setzt sie auf den freien Platz vor die Mutter auf den Boden hin.

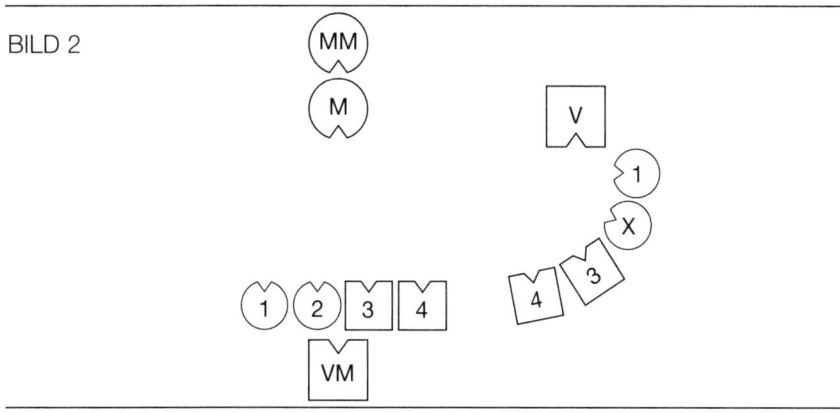

BILD 2

VM = Vater der Mutter   1,2,3,4 = vier tote Geschwister der Mutter (Onkel und Tanten)

STV fängt zu weinen an.

TH (zu Edda): *Was ist denn mit deinem Opa, dem Vater deiner Mutter?*
EDDA: *Der ist im Krieg gefallen, meine Mutter war da erst 6 Jahre alt.*

TH stellt den Vater der Mutter hinter seine toten Kinder.

M: *Ich hab so einen Druck, das ist unerträglich, mir geht es furchtbar, das ist eine Übermacht, wie da eins nach dem anderen gekommen ist, das ist so viel ... der Vater da ist aber gut.*
MM (deutet wieder zum Vater hin): *Er sollte näher kommen, er sollte das mittragen.*
TH (zu MM): *Und zu deinem eigenen Mann hin, was ist da?*
MM: *Den nehme ich gar nicht wahr ... und die Kinder da vorne eigentlich auch nicht wirklich.*

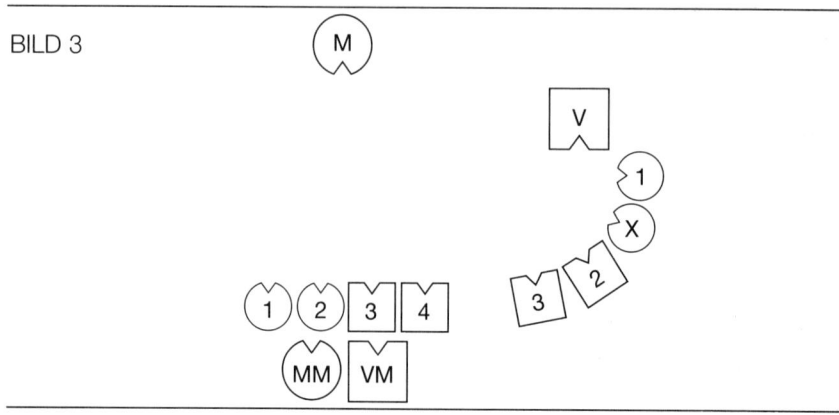

MM: *Mir geht es ganz schlecht, meine Beine tragen mich kaum. Diese Kinder da vor mir ... ich kann gar nicht hinschauen.*

VM: *Ich habe vorher, bevor meine Frau gekommen ist, alles alleine getragen, und ich trage es jetzt alleine.*

M: *Mir geht die Mutter nicht ab hinter mir, ganz im Gegenteil, so ist es besser. Es war gut mit meinem Vater da vorne, aber mit der Mutter jetzt ist es vollständig für mich.*

STV: *Ich muss immer hinschauen (zu den Großeltern und den toten Kindern), ich habe das Gefühl, ich muss hingehen und sie tragen, das tut mir weh, etwas zittrig fühle ich mich, aber anschauen mag ich sie schon gern.*

TH (zu STV): *Wen tragen?*

STV: *Ja meine Oma.*

Die TH stellt Großmutter und Großvater gemeinsam hinter das erste Kind.

TH: *Legt jetzt jeweils eine Hand auf den Kopf des Kindes vor euch.*

Nach einer geraumen Weile ...

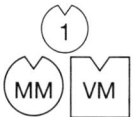

TH (zu MM): *Sag jetzt zu deinem Mann: Das ist unser Kind, und wir tragen es gemeinsam.*
MM: *Das ist unser Kind, und wir tragen es gemeinsam.*
VM: *Ja, das ist unser Kind, wir tragen es gemeinsam.*
TH (zum ersten toten Kind): *Wie geht es dir?*
Erstes totes Kind: *Sehr gut. Mein Vater war für mich immer gut, aber zu meiner Mutter hin, da war es so abgeschottet, fast eisig, jetzt spüre ich Wärme und habe das Gefühl, dass sie mich jetzt erst als Kind sieht.*

Die Großeltern wiederholen diesen ganzen Vorgang noch mit dem zweiten, dritten und vierten Kind.

BILD 5

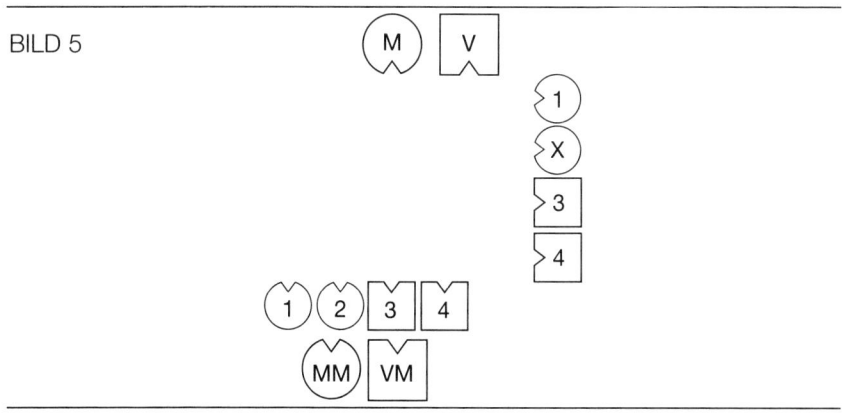

V: *Ich stehe zwar jetzt mitten in der Gruppe und nehme Blick-kontakte wahr, aber mich berührt es nicht sehr.*
M: *Ich habe ein besseres Gefühl, seit er* (der Mann) *da ist.*
STV: *Es zieht mich da hin* (zeigt auf die Großeltern und die toten Kinder).
BRUDER, drittes Kind: *Ich verfolge alles mit, aber was ganz stark da ist, zu meinem Bruder mag ich nicht einmal hinschauen.*
BRUDER, viertes Kind: *Ich traue es mich fast nicht zu sagen ... aber es ist, wie wenn da eine Wand wäre, und es gibt nur den Teil für mich* (zeigt auf die Mutter und die Großelterngruppe).

BILD 6

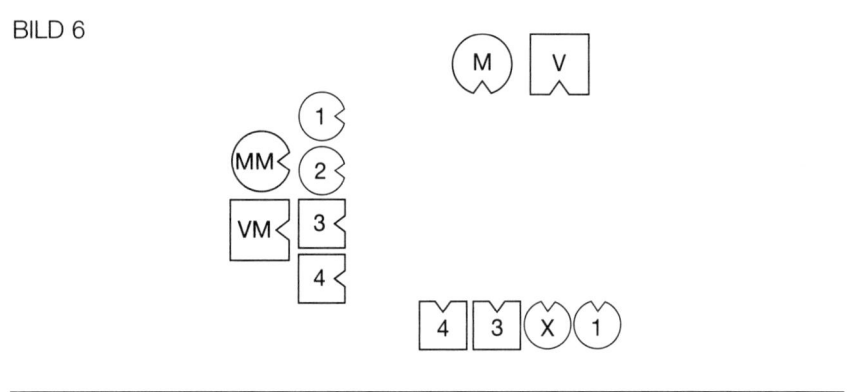

M: *Jetzt habe ich meine Kinder im Blickfeld, vier Kinder, gut, dass der Vater da ist, Gott sei Dank, das sind meine vier Kinder, aber das ...* (sie zeigt auf das vierte Kind), *der ist nicht so, wie die anderen drei.*
V: *Zum ersten Male erlebe ich, dass ich eine Frau habe, sie wirkt sehr stark neben mir, ich habe den Eindruck, sie ist stärker als ich* (die Mutter nickt stumm), *ich sehe alle Kinder, bei der Edda fällt mir auf, dass sie immer nach links hinschaut. Der Jüngste von den toten Geschwistern meiner Frau schaut mich an mit einem traurigen Blick, das betrifft mich am meisten, weiß aber nicht warum.*

Ich kann die Blicke meiner eigenen Kinder wahrnehmen, sie sind teils fragend und prüfend, teils anklagend.
SCHWESTER, erstes Kind: *Ich nehme jetzt die Eltern als ein Paar wahr.*
STV: *Ich habe das Gefühl, ich falle um, in meinen Armen zieht es extrem.*
MM: *... da ist so viel Traurigkeit, so viel Traurigkeit ...*

Die TH wählt einen Mann aus der Gruppe der Zuschauenden und stellt ihn hinter das vierte Kind, den jüngsten Sohn. Dieser beginnt sofort zu strahlen, er richtet sich auf, strafft den Rücken.

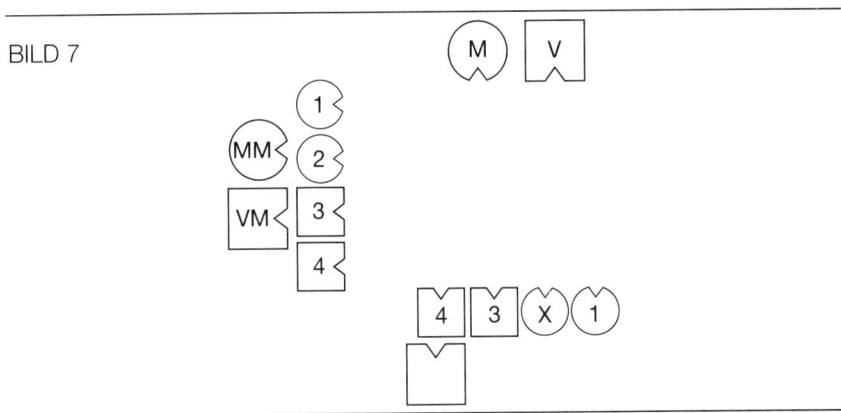

BILD 7

M: *Der tut ihm gut.*
V: *Zum ersten Mal, dass ich bei meinem Sohn ein freundliches Gesicht sehe.*

Das dritte Kind stellt sofort an die TH die Frage, wer das sei. Diese antwortet noch nicht darauf, sondern fragt Edda: *War da etwas Besonderes bei dieser Schwangerschaft?*
EDDA: *Die Mama hat ihn nicht mehr gewollt, sie war 37 oder 38 damals, heute ist sie aber froh darum.*

TH: *Wie geht es dem Mann hinter dem jüngsten Sohn?*

MANN: *Ich habe eine gute Verbindung zu ihm, aber nur zu ihm.*

M: *Der gehört dazu, er ist für mich nicht wichtig, aber für ihn* (zeigt auf den jüngsten Sohn), *er gehört dazu.*

BRUDER, viertes Kind: *Jetzt geht es mir richtig gut, ich möchte mich anlehnen an ihn.*

BRUDER, drittes Kind: *Für mich ist das auch in Ordnung, der hinter ihm geht mich zwar nichts an, aber jetzt ist das Loch, das ich immer zwischen meinem Bruder und mir gespürt habe, weg.*

TH, indem sie auf den dazugestellten Mann hinweist: *Er stabilisiert die Männer. Die Hereinnahme eines ausgeschlossenen Mannes tut auch allen anderen Männern im System gut. Ich kann nicht mit Bestimmtheit sagen, wer das ist. Es könnte sein, dass der jüngste Sohn einen anderen Vater hat, der verschwiegen worden ist. Auf jeden Fall ist da jemand, der zu diesem System gehört und der offenbar ausgeschlossen worden ist.*

Die TH tauscht nun Edda mit ihrer Stellvertreterin aus. Edda steht jetzt in ihrer Familie und schaut sich um, sie ist sehr aufgeregt.

TH (zu M): *Hol deine Tochter und nimm sie bei der Hand. Führe sie zu deinen Eltern und zu deinen toten Geschwistern hin.*

Mutter und Tochter stehen jetzt vor dieser Gruppe und sind sehr bewegt.

TH (zu M): *Sag jetzt zum ersten toten Kind: Du bist meine Schwester, du gehörst zu uns dazu.*

M: *Du bist meine Schwester, du gehörst zu uns dazu.*

TH: *Schau ihr dabei tief in die Augen, schau sie lieb an, und sag ihr: In meinem Herzen lebst du weiter.*

M: *In meinem Herzen lebst du weiter.*

TH: *Und jetzt gebe ich dir die Ehre.*

M: *Und jetzt gebe ich dir die Ehre.*

TH: *Schau jetzt deine Tochter Edda an, während du mit der Hand auf deine Schwester zeigst, und sag ihr: Das ist deine Tante, und zu deiner Schwester sag, während du auf deine Tochter zeigst: Das ist deine Nichte.*

Die Mutter vollzieht nun diese Handlung bei jedem ihrer toten Geschwister, und Edda verbeugt sich anschließend vor jeder Tante und vor jedem Onkel und gibt ihr/ihm die Ehre. Jetzt stellt sich die Mutter zurück auf ihren Platz, und Edda bleibt vor ihrer Großmutter stehen.

TH (zu Edda): *Schau der Oma jetzt in die Augen, schau sie an ...* (Edda beginnt sofort zu weinen) *Schau sie lieb an, bis du spürst, dass du bei ihr bist ... und dann sag ihr: liebe Oma.*
EDDA: *Liebe Oma.*
TH: *Du warst so wichtig für mich, du hast mir so viel gegeben ...*
EDDA: *Du warst so wichtig für mich, du hast mir so viel gegeben ...*
TH: *... und dafür möchte ich dir jetzt danke sagen ...*
EDDA: *... und dafür möchte ich dir jetzt danke sagen ...*
TH: *... das nehme ich alles mit in mein Leben und ich achte es und ich ehre es ...*
EDDA (während sie die Oma bei den Händen hält und sie innig anschaut): *... und das nehme ich alles mit in mein Leben und ich achte es und ich ehre es ...*
TH: *Oma, ich habe es gemacht wie du.*
EDDA: *Oma, ich habe es gemacht wie du.*
TH (zu Edda): *Was hast du gemacht wie die Oma?*
EDDA: *Alles, alles, sie war ja mein großes Vorbild ...*
TH: *Was hast du gemacht wie die Oma? Schau auf die Kinder da, die die Oma verloren hat, die Oma hat vier ihrer Kinder verloren ... und du?*
EDDA (mit ungläubigem und fragendem Gesichtsausdruck): *Ich habe meine Kinder auch verloren.*

TH: *Genau, du hast es gemacht wie die Oma, du hast der Oma ihr Schicksal nachgemacht, du hast dir das Leid der Oma aufgeladen ...* (Edda fällt ihrer Oma in die Arme, umklammert sie fest und weint.)

Nach einer Weile, als sich Edda wieder gesammelt hat ...

TH: *Schau die Oma wieder in Ruhe an und sag ihr: Liebe Oma, ich habe mir von dir etwas aufgeladen, das gehört nicht zu mir, das gehört zu deinem Schicksal.*
EDDA: *Liebe Oma, ich habe mir von dir etwas aufgeladen, das gehört nicht zu mir, das gehört zu deinem Schicksal.*

Die TH fordert Edda auf, ihre beiden Arme vorzustrecken und legt ihr eine schwere, flache Steinplatte auf die Hände, damit Edda noch einmal spüren kann, wie schwer die Last ist, die sie trägt. Die Oma hat schon von selbst ihre Hände ausgestreckt und schaut ihre Enkelin auffordernd an.

TH: *Leg jetzt deine Last der Oma in die Hände und sag ihr: Und jetzt lege ich es in Liebe und Achtung zu dir zurück.*
EDDA: *Und jetzt lege ich es in Liebe und Achtung zu dir zurück.*
TH: *Es ist viel zu schwer für mich.*
EDDA (jammert): *Es ist viel zu schwer für dich.*
TH: *Nein, Edda, für die Oma ist es nicht zu schwer, zu ihrem Leben und zu ihrem Schicksal gehört es ja, aber du bist das Kind, für dich ist es viel zu schwer.*

Einige Augenblicke später, nachdem Edda sich wieder gesammelt hat ...

TH: *Sag jetzt zur Oma: Es ist viel zu schwer für **mich**.*
EDDA: *Es ist viel zu schwer für mich.*
TH: *Du bist die Oma und ich bin das Kind, und ich weiß, dass du es für dich lösen wirst können.*

102

EDDA: *Du bist die Oma, und ich weiß, dass du es für dich wirst lösen können.*

Nun legt Edda die schwere Last achtsam und in gesammelter Liebe vor Omas Füße.

TH (zur MM): *Sag jetzt zu Edda: Ich nehme es und ich trage es.*
MM: *Ich nehme es und ich trage es.*
TH: *Du bist frei.*
MM: *Du bist frei.*

Die beiden Frauen fallen sich in die Arme und halten einander lange fest, bis ein tiefes Aufatmen durch Eddas Körper geht. Jetzt führt die TH sie wieder an ihren Platz zurück ins Ursprungssystem.

TH: *Schau sie alle noch einmal an.*

Edda schaut in die Runde zu Vater und Mutter, zu den Geschwistern, zu Oma und Opa, den Onkeln und Tanten, und als ihr Blick den von Oma trifft, zieht ein fröhliches und inniges Lächeln über ihr Gesicht.

TH: *Das war`s, das ist meine Familie.*
EDDA: *Das ist meine Familie.*

Aus der Ausgangsstellung wird die Distanz des Elternpaares ersichtlich. Der Vater schaut zu seinen Kindern, diese zu beiden Eltern, die Mutter jedoch, mit der Großmutter im Rücken, schaut ins Leere. Als die vier toten Kinder (vier Geschwister der Mutter, die bei der Geburt oder bald danach gestorben sind) in die Aufstellung kommen, verändert sich die Situation augenblicklich, spitzt sich zu. Diese toten Geschwister (Onkel und Tanten von Edda) sind in der Familie nicht gewürdigt worden. Man hat sie „verschwiegen" und die Familiengeschichte ohne die Erinnerung an sie weitergeführt.

Vielleicht wollte ihre Mutter (MM) den Schmerz nicht mehr spüren müssen. Man stelle sich das vor, diese junge Frau, die sie damals war, schwanger, in guter Hoffnung, und dann die Geburt ... und das Kind stirbt. Und dann ein zweites Mal – vielleicht schon mit Bangen in der Schwangerschaft: Sie gebärt das Kind, hält es in ihren Armen, stillt und umsorgt es einige Tage oder Wochen ... und das Kind stirbt. Dies wiederholt sich ein drittes und ein viertes Mal. Die Gefahr zu verdrängen, sich dem einfach nicht mehr stellen zu wollen, liegt nahe. Die uns umgebenden Menschen fördern dies meist. Sie geben Ratschläge wie „Vergiss es, das Leben geht weiter", „Konzentriere dich auf deine lebenden Kinder (MM hatte 7 Kinder geboren), die brauchen dich", „Hör auf, an die Vergangenheit zu denken" oder, der schlimmste Trost, „Du bist ja noch jung, du kannst noch viele Kinder bekommen". Das ist schade, das ist schlimm, denn die Verdrängung löst nicht. Vielmehr wäre die tiefe Trauer angesagt, das Hindurchgehen durch den Schmerz, gemeinsam mit dem Vater des Kindes. Ohne Vorwurf an das Schicksal, an Gott, an den Arzt, die Hebamme, die Verwandtschaft, den Partner und wem auch immer man in so einer Situation einen Vorwurf machen könnte, nach dem Motto: Warum muss gerade mir das passieren? Man nimmt an, was ist ... und trauert. Das ehrt das verstorbene Kind und gibt ihm seinen Wert.

Die Folge ist das Loslassen-Können vom Geschehenen und sichert dem verstorbenen Kind seinen Platz in der Familie. Denn so eine Mutter denkt dann nicht *ich habe vier Kinder,* sondern *ich habe sieben Kinder und drei davon sind tot.* Wenn das Erstgeborene stirbt, bleibt es immer das Erste, und das nächste Kind ist dann das Zweite. Es ist kein Einzelkind, es wächst allenfalls als Einzelkind auf, falls kein weiteres mehr geboren wird. Das dritte Kind, wenn es stirbt, ist immer das dritte Kind und das nächste, vielleicht lebende, dann das vierte Kind und so fort. So wird jedem Kind in dieser Familie sein Platz gegeben, und es hat seine Zugehörigkeit.

In Eddas Familie ist es dem Großvater ähnlich ergangen wie seinen toten Kindern. Auch er hat seine Zugehörigkeit durch seinen frühen Tod (im Krieg gefallen) verloren. Sein Einnehmen des Platzes hinter den toten Kindern stabilisiert, tut vor allem seiner Tochter (M) gut, die beim Anblick der Geschwister vor ihr ins Wanken kommt *(„mir geht es furchtbar, unerträglich")*. Sie ist der Schutz für ihre Mutter, das Bollwerk, das die Großmutter davon abhält, *sehen* zu müssen, und sich dem Schmerz der verlorenen Kinder zu stellen.

Als die Großmutter zu ihrem Mann und den vier verstorbenen Kindern gestellt wird, damit diese sich eine Weile bei ihren Eltern anlehnen können, beginnt sie den Schmerz zu spüren *(„so viel Traurigkeit, so viel Traurigkeit")*, während sich der Zustand ihrer Tochter (M) bessert und diese sich näher zu ihrem Mann hinstellen kann. Und je mehr die Großmutter sich auf ihrem Platz integriert, desto mehr fühlt sich nun die Mutter zu ihrer eigenen Familie, zu ihren Kindern und zu ihrem Mann, hingezogen. Die anfängliche Beziehungslosigkeit verwandelt sich in Nähe.

Edda ist mit Omas Schicksal verstrickt. In ihrer Aufstellung (BILD 1) ist die Oma zwar versteckt hinter der Mutter, aber nicht versteckt für Edda. Sie hat die Oma immer im Blickwinkel. Als die Großmutter den Platz wechselt und zu ihrem Mann und ihren Kindern gestellt wird, gehen ihr Eddas Blicke nach. Sie sagt: *„Ich hab das Gefühl, ich muss hingehen und sie* (die Oma) *tragen."* Während der ganzen Zeit hat sie ein extremes Ziehen in den Armen und immer wieder das Gefühl umzufallen. **Sie** trägt nämlich die Last von Omas Schicksal. Als sie dann zur Großmutter hingeht, um die Last dorthin zu geben, wo sie hingehört, nämlich zur Oma, soll Edda den Satz der TH nachsprechen *„es ist viel zu schwer für mich"*. Stattdessen kommt es zum so genannten Freud'schen Versprecher und sie sagt: *„Es ist viel zu schwer für dich."* So stark ist die Liebe des (Inneren) Kindes (von Edda) zur Oma hin, dass sie es nur schwer schafft, die übernommene Bürde zurückzugeben. Dieser Schritt ist jedoch wesentlich.

Es ist nicht richtig, dem anderen etwas wegzunehmen/abzunehmen, was zu ihm gehört. Denn wenn es der, dem es gehört, trägt, dann macht es ihn stark, es führt ihn in seine Kraft. Wenn es ein anderer an seiner statt trägt, macht es diesen schwach und nimmt ihm die Kraft. So ist das auch mit jedweder Verantwortung. Ich muss das, was in meiner Verantwortung liegt, annehmen und die Verantwortung tragen. Dann finde ich den Zugang zu meinen Energien und bin stark genug, die entsprechende Situation durchzustehen. Schiebe ich die Verantwortung auf andere ab oder lasse ich mir meine Verantwortung nehmen, verliere ich meine Energien und werde schwach.

In Familien geschieht dieses Abnehmen der Verantwortung oft aus Liebe und dadurch wird die Negativität des Verhaltens meist nicht erkannt. So ist es auch mit den Sorgen. *Ich mache mir solche Sorgen um dich* wird als ein Akt der Liebe empfunden und dabei die zweite Botschaft, die dabei übermittelt wird, übersehen. *Ich mache mir solche Sorgen um dich* heißt nämlich gleichzeitig *ich traue dir nicht zu, dass du X* (diese Situation, diese Sache) *gut machen wirst*. Denn würde ich es dem Menschen zutrauen, würde ich mir keine Sorgen machen. Diese Behauptung kann jede/r an sich selbst überprüfen. Wir müssen uns nur an Situationen aus unserer Lebensgeschichte erinnern, wo ein anderer Mensch, womöglich einer, an dem uns viel gelegen hat, uns seine Zweifel an unseren Fähigkeiten spüren ließ. Wie haben wir uns da gefühlt? Hat uns das selbstbewusst gemacht und groß? Mit Sicherheit nicht. Es mag vielleicht manchmal bequem sein, in die Rolle der Unfähigen zu schlüpfen, darum lassen wir es auch geschehen, aber stark macht es uns nicht.

In der Aufstellung von Edda wird auch klar die Nutzlosigkeit der Übernahme eines Schicksals von einem anderen deutlich. Es kann nicht wirklich geholfen werden, der versuchte Ausgleich erzeugt kein Gleichgewicht im System. Der Großmutter geht es dadurch nicht besser, wenn es der Enkelin auch schlecht geht. Wir sprechen daher auch von einem schlechten Ausgleich.

Eine weitere Besonderheit in Eddas Familie tritt in der Rolle des jüngsten Bruders auf. Die Mutter äußert: *„Der ist nicht so wie die anderen"*, *„Zum letzten Sohn hin ist ein Loch"*, der Vater sagt *„Da liegt irgendetwas drin ... der Jüngste, der schaut mich nicht sehr freundlich an"*. Auch die Geschwister reagieren eigenartig, insbesondere der Bruder in der Reihenfolge vor dem Jüngsten. *„Ich fühle mich in der Reihe wohl, aber nach links hin, zu meinem Bruder, da mag ich nicht einmal hinschauen ..."* Der jüngste Bruder nimmt die Geschwister und den Vater auf eine distanzierte und gleichzeitig irritierende Weise wahr: *„Ich traue es mich fast nicht zu sagen, es ist, wie wenn da* (zu den Geschwistern und zum Vater hin) *eine Wand wäre und es gibt nur den Teil* (Mutter und Großelterngruppe) *für mich"*, und gleich zu Beginn der Aufstellung sagt er verblüfft: *„Also, wenn ich nicht wüsste, dass das der Vater ist, ich häte es nicht für möglich gehalten, es ist irgendwie komisch ..."*

Eddas Informationen dazu sind gering. Die Mutter hätte halt keine Kinder mehr gewollt, das letzte sei unerwünscht gewesen. Heute sei sie froh darüber, sie verstünde sich gerade mit diesem Sohn besonders gut. Alle Irritationen hören mit dem Aufstellen einer männlichen Person hinter dem Jüngsten sofort auf. Hier steht eindeutig ein Mann, von dem alle unbewusst wissen, der aber konkret im System nicht auftaucht. Wer ist dieser Mann, wem wurde die Zugehörigkeit verweigert? Ist da eine Existenz weggeschwindelt worden? Zwischen diesem Mann und dem jüngsten Sohn gibt es eine Beziehung. *„Ich habe eine gute Verbindung zu ihm, aber nur zu ihm"*, sagt dieser Mann und legt in einem Impuls seine Hände auf die Schultern des vor ihm Stehenden, so als wolle er ihn halten und stützen. Das Kind vor ihm, bisher immer ernst und finster dreinschauend, strahlt über das ganze Gesicht. *„Jetzt geht es mir richtig gut, ich möchte mich anlehnen an ihn."*

Wir könnten es hier mit einer Vater-Sohn-Beziehung zu tun haben, mit anderen Worten, der Ehemann der Mutter ist nicht der leibliche Vater. Es könnte sich, was aufgrund der abgelaufenen Dynamik aber als weniger wahrscheinlich scheint, um eine andere männliche Person dieser Familie handeln, der, aus welchen Gründen auch immer, die Zugehörigkeit verweigert worden ist. Ein „schwarzes Schaf" aus der Sippe vielleicht, das totgeschwiegen wurde. Wobei die enge Bindung zum jüngsten Kind damit noch nicht geklärt wäre. Aber, wie auch immer, durch die Hereinnahme seiner Existenz kommt Harmonie ins System, alles stabilisiert sich und wird von allen Beteiligten als eine gute Ordnung erlebt. Wir wollen dem Ganzen auch nicht mehr weiter nachgehen, es ist nicht notwendig. Auf Edda hat diese Person keinen Einfluss, ihre Geschichte ist eine andere. Und das Gesamtsystem ist auch ohne nähere Details über diese Person ins Gleichgewicht gekommen.

Grundsätzlich müssen wir uns vor Augen halten, dass vielen Kindern ihre wahren Väter vorenthalten werden und dass es viele Männer gibt, die die Vaterrolle für ihre vermeintlichen Kinder übernommen haben, während sie für ihre leiblichen Kinder gar nicht verfügbar sind. Eine Untersuchung kommt zu dem Ergebnis, dass jedes zehnte Kind ein so genanntes „Kuckuckskind" ist. Dies ist sicher kein Novum oder Zeugnis unserer modernen Zeit. Das sind uralte Tatsachen. Ein Sprichwort sagt: „Sicher ist immer nur die Mutter." Das Patriarchat hat versucht, diese Sicherheit für den Mann zu erreichen, indem eine Gesellschaftsform geschaffen wurde, die nicht verheirateten Frauen die Sexualität verweigerte und die verheiratete Frauen mit schweren Strafen belegte. In manchen Kulturen ging dies bis zum Verlust des Lebens. Die Untreue des Mannes galt als Kavaliersdelikt, die Untreue der Frau als ein Drama mit bösem Ausgang.

4.3. DIE RANGVERLETZUNG

Wie bereits erwähnt gehört zur systemischen Ordnung die Einhaltung der Rangfolge. Wir haben es dabei mit keiner Hierarchie des Oben oder Unten zu tun, noch hat der Rang etwas gemein mit höherem oder niederem Wert. „Hierarchie ist von den griechischen Wörtern hierós (heilig, göttlich) und árchein (Ordnung verleihen) abgeleitet, bedeutet wörtlich also „eine heilige Ordnung". Die Ordnung, die im Kosmos herrscht, ist wahrhaft heilig, denn sie entspricht der natürlichen Harmonie, aus der die erschaffenen Welten hervorgegangen sind. Diese Ordnung kann nie umgestoßen werden. Im Gegenteil: Wer diese Ordnung zu stören versucht, wird immer wieder in die Ordnung zurückgewiesen."[16] Die Rangfolge geht nach der Zeit und gibt denen, die früher da waren, Vorrang vor denen, die später kommen. Dies gehört anerkannt und geachtet.

Immer dann, wenn in Familien schlimme Dinge passieren wie Selbstmord, Kriminalität, schwere Krankheiten, Unfälle, Psychosen, Geldverlust und Ruin ist es wichtig, sich die Frage nach möglichen Rangverletzungen zu stellen. Denn die Missachtung der Rangordnung führt zum unbewussten Bedürfnis nach Scheitern und nach Untergang. Die Fragen lauten: *Habe ich mir etwas angemaßt, was mir nicht zusteht? Oder hat sich ein Vorderer in meinem System desgleichen angemaßt?*

Eine Verletzung dieser Ordnung wäre es zum Beispiel, wenn ein Sohn oder eine Tochter sich in die Belange der Eltern einmischt, über die Eltern bestimmt oder so tut, als wüsste er oder sie es besser, was die Eltern zu tun hätten oder wie sie in der Vergangenheit etwas machen hätten sollen. Die Nachfolgenden kommen dadurch in die Rolle des Richters. Abgesehen davon, dass so ein Verhalten eine Anmaßung ist, wäre es auch rational unausgegoren.

---

16) Risi, Armin: Unsichtbare Welten, Bd. 2, S. 155

Wir (erwachsenen) Kinder können niemals besser wissen, wie sich die entsprechende Situation den Eltern damals dargestellt hat, denn wir haben das Leben nicht mit ihnen gelebt, während sie es sehr wohl mit uns gelebt haben und über uns wesentlich besser Bescheid wissen, als wir über sie. Wir wissen auch nicht, wie es ist alt zu sein, 60, 70 oder 80 Jahre, und wir können den Eltern daher unmöglich einen für sie konstruktiven Rat geben. Auch möchten wir als erwachsene Menschen nicht, dass die Eltern sich besserwisserisch oder bestimmend in unser Leben einmischen, und wir wehren uns zu Recht, wenn dies der Fall ist. Die richtige Haltung ist daher, den Eltern zu sagen: „Ich danke dir dafür, dass du mir einen Rat geben willst, und ich erkenne das an. Aber ich bin jetzt erwachsen, und ich mache das so, wie ich es für richtig halte."

Erwachsen werden bedeutet ja, uns unsere eigenen Maßstäbe und Ziele zu setzen. Das heißt nicht, dass unsere Wertvorstellungen und Überzeugungen sich unbedingt von denen unserer Eltern unterscheiden müssen. Wichtig ist nur, dass wir uns bewusst für sie entscheiden, ganz gleich, welcher Art sie sind, und dass wir sie zu unseren eigenen erklären, weil dies uns entspricht. Schwierig wird es, wenn elterliche Vorgaben aus Angst vor Konflikt, aus Unsicherheit, aus Furcht, nicht mehr zu gefallen oder aus Sorge, die Eltern zu verletzen auch über die Pubertät hinaus noch gelebt werden. Dies ist dann Ursache für die oftmals aufgestaute Wut in uns, die wir in spätere Beziehungen mit hineinnehmen und die dort, obwohl die Wurzeln woanders liegen, in negativer Weise gegen den Partner oder die Kinder wirksam wird.

Der Ordnung entsprechend gilt es, die Eltern zu akzeptieren, so wie sie sind, mit allem Drum und Dran und mit allen Folgen, die es für mich als deren Kind hat. Oft meinen Töchter oder Söhne, sie könnten dies nicht, weil sie den Eltern „böse" Handlungen vorwerfen: beispielsweise dem Vater, der die Mutter geschlagen oder verlassen hat, oder dem Großvater, der den gemeinsamen Besitz vertrunken und verspielt hat, der Mutter, die sich nicht um das Kind gekümmert oder der Oma, die die Tochter mit dem Kind aus dem Haus gewiesen hat. Aber: Ein Kind kann seinen Vater, seine Mutter, seine Großeltern anerkennen, ohne dass die schlimmen Handlungen gutgeheißen werden. Wir achten unsere Vorfahren, weil sie unsere Mutter, unser Vater etc. sind. Und in dieser Funktion bekommen sie unsere Anerkennung. Wir können einem Vater beispielsweise sagen: „Es ist schlimm, wie du mit der Mama umgegangen bist. Aber ich habe damit nichts zu tun. Du bist mein Vater, und ich bin dein Sohn, und als meinen Vater achte ich dich. Alles, was du gemacht hast, liegt in deiner Verantwortung, mich geht das nichts an."

Hat der Vater beispielsweise der Tochter etwas angetan, kann dies eine Distanz oder Trennung notwendig machen, es braucht aber kein Hass zu sein, denn der Hass bindet, und wir finden so niemals unseren Frieden. „Du bist mein Vater, und als meinen Vater achte ich dich. Für das, was du getan hast, trägst du die Verantwortung. Ich bin nur das Kind. Ich bin frei davon." Die Seele des Kindes duldet keine Abwertung. Verurteilt das Kind einen Elternteil in seinem Bewusstsein, dann verurteilt es auch an sich selbst etwas und tut sich, im Ausgleich, etwas Schlimmes an.

Alle Situationen, die darauf hindeuten, wo Kinder mit ihren Eltern noch nicht versöhnt sind (nochmals: egal, wie diese gewesen sind und was sie dem Sohn oder der Tochter angetan haben mögen), sind Rangverletzungen. Wir fühlen uns erst dann ganz und im Reinen mit uns selbst, wenn wir zu unseren Wurzeln stehen können und mit unseren Eltern im Reinen sind. Beide sind in mir und beide müssen anerkannt werden, so wie sie sind. Wenn ein Elternteil ausgeklammert ist, fühlt sich das Kind halb und leer, und das ist, nach den Beobachtungen Hellingers, meistens die Grundlage der Depression. Wird der ausgeklammerte Elternteil wieder hereingenommen, und bekommt dieser seinen Platz und seine Würde, dann kommt die Depression zur Heilung.

Oft wird die Aufforderung zur Ausklammerung eines Elternteils vom jeweils anderen Elternteil an das Kind herangetragen. Zum Beispiel sagt eine Mutter zu ihrem Sohn, dessen Vater Alkoholiker ist, „werd´ du mir nur ja nicht wie der Papa". Die Botschaft, offen oder unterschwellig, lautet: Nimm von mir, werde so wie ich, ich bin die Bessere. Nimm nichts vom Papa, werde nicht wie er, er ist der Schlechtere. In seinem Bewusstsein orientiert sich das Kind dann an seiner Mutter und an deren Denkweise und moralischen Vorgaben. Unbewusst jedoch solidarisiert es sich mit seinem Vater. Es **ist** ja auch sein Vater, und wenn es diesen Teil von sich selbst nicht bewusst anerkennen darf, übernimmt der unbewusste Teil der Seele diese Aufgabe und verbündet sich. Die Folge ist, dass genau das passiert, was die Mutter verhindern und der Sohn auf keinen Fall werden wollte. Er wird es so wie sein Vater machen und Alkoholprobleme bekommen. Wenn jemand Angst hat, er könnte so werden wie ein Elternteil, dann ist diese Angst eine Garantie dafür, dass dies tatsächlich geschieht.

Hinter der Aufforderung „werde so wie ich, aber werde nicht so wie der Papa/die Mama" steht noch eine Information für das Kind, eine weitere verdeckte Botschaft: das Eingeständnis des betreffenden Elternteils, den falschen Partner genommen zu haben. Das bedeutet für das Kind, dass es selbst zur Hälfte falsch ist für seine Mutter. Es erlebt eine double-bind-Situation: Im Bewusstsein sagt ihm die Mutter „du bist mein Kind, ich liebe dich", im Unbewussten signalisiert sie „ich lehne dich ab, ich mag dich nicht".

Viele von uns haben die Erfahrung der Ablehnung eines Elternteils oder bestimmter Eigenschaften unserer Eltern gemacht, und wir haben uns geschworen, „nie will ich so werden wie ... (meine Mutter, mein Vater), um dann in späteren Jahren festzustellen, dass wir genau jene abgelehnten Eigenschaften in uns haben und uns dementsprechend verhalten. Und ganz besonders dann, wenn wir uns so nicht verhalten wollen und uns dagegen wehren. Oft sind es unsere Lebenspartner, die diese Verhaltensweisen an uns bemerken: „Du bist wie deine Mutter." Diese Behauptung schmerzt zutiefst.

Die Lösung ist, dass die Mutter zu den Kindern sagt: „Ich habe euren Vater geheiratet, weil ich ihn geliebt habe, und wenn ihr so werdet wie euer Vater, dann stimme ich dem zu." Mit dieser Botschaft wären die Kinder frei, und sie müssten später nicht so werden wie der Vater.

Die empirische Erfahrung in den Familienaufstellungen ist die, dass die Mütter öfter dem Fehler verfallen, den Vater vor den Kindern herabzumindern, als die Väter dies mit ihren Frauen tun. Mütter neigen manchmal dazu, die Kinder als *ihre* Kinder zu betrachten und sie zu Verbündeten gegen den Vater zu machen. Man kann in solchen Familien beobachten, dass auch die Großmutter schon über den Großvater schimpfte und die Rollenverteilung *ich bin die Gute, er ist der Schlechte* ihren Kindern vorsetzte. Frauen, die von ihren Müttern, und diese wiederum von ihren Müttern, ein schlechtes Männerbild übermittelt bekommen haben, tun sich später in ihrem Erwachsenenleben sehr schwer, zufriedenstellende Beziehungen zu leben. Tief in ihrem Herzen sitzt eine tiefe Abneigung gegen den Mann. Selbst wenn sie einen verständnisvollen und liebevollen Partner gefunden haben, können sie ihm nicht wirklich vertrauen und sich fallen lassen, obwohl sie sich zutiefst danach sehnen. Der Vater als der erste Mann im Leben der Tochter prägt das Männermodell. Mit dem Partner später wird die Vater-Problematik wiederholt.

Mütter schaden ihren Kindern, wenn sie den Vater vor ihnen schlecht machen, genauso wie die Väter den Kindern schaden, wenn sie die Mutter verurteilen. Das Kind fühlt sich dann schlecht und schuldig. Eltern tun dies, weil sie selbst mit ihrem Partner Schwierigkeiten haben. So mag sich ein Mann vielleicht ungeliebt und von seiner Frau sexuell nicht angenommen fühlen und versucht sich seines Frustes zu entledigen, indem er gegenüber der Tochter abfällige Bemerkungen über ihre Mutter macht. Oder die Frau fühlt sich überlastet und von ihrem Mann im Stich gelassen und macht ihrer Enttäuschung Luft, indem sie den Vater vor ihren Kindern als Versager hinstellt.

Das Problem liegt jedoch bei den Eltern, beim Paar, bei Mann und Frau, und nur dort gehört es hin. Die beiden müssen sich damit auseinander setzen und Lösungen finden. Ansonsten geben sie die Last an ihre Kinder weiter und bringen viel Schweres in deren Leben. Manchmal sagt so eine Frau: „Das geht nicht, ich kann mit meinem Mann nicht darüber reden, er gibt mir keine Antwort oder verschwindet in seine Werkstatt." Oder der Mann sagt: „Sex ist einfach kein Thema bei uns. Sie will davon nichts hören. Wenn ich damit anfange, beschimpft sie mich."

Ehepaare berichten von vielen gescheiterten Bemühungen und fruchtlosen Versuchen mit dem jeweils anderen und versichern, alles getan zu haben, was möglich war. Abgesehen davon, dass die richtigen, weil erfolgreichen Handlungen sich vielleicht noch nicht unter diesen Bemühungen fanden, ist es trotzdem niemals recht, das Kind in die Wut auf den Partner hineinzuziehen. Ich kann sagen: „Ich bin wütend auf den Papa, weil er nicht da ist, obwohl er es versprochen hat." Damit wissen die Kinder, dass die Mama auf den Papa wütend ist (was sie ja ohnehin schon längst gespürt haben), aber der Papa wird nicht abgewertet, er kann ja dann der Mama erklären, warum er nicht gekommen ist, und die beiden werden das schon miteinander ausmachen. Mit so einer Botschaft kann das Kind gut zurecht kommen. Sagt die Mutter: „Dieser Kerl ist schon wieder nicht da, der macht sich überhaupt nichts aus uns, euer Vater ist ein Herumtreiber", dann spricht sie nicht über sich und ihre Wut, sondern verurteilt den Vater und macht ihn vor den Kindern schlecht. Die Last, die den Kindern damit aufgeladen wird, ist immens. Solcherlei Verhalten der Eltern ist psychische Gewalt in der Familie. Manchmal geschieht es auch, dass eine Mutter zum Kind sagt: „Ich habe den Vater nur geheiratet, weil ich mit dir schwanger war", oder der Vater sagt zu den Kindern: „Ich bin nur wegen euch bei eurer Mutter geblieben." Dann fühlen sich die Kinder schuldig. Solche Aussagen von Eltern sind nicht nur belastend, sie sind auch falsch. Die Frau hat den Mann geheiratet, weil sie es aus irgendwelchen Gründen für besser hielt, dies in ihrer Situation zu tun. Der Mann ist bei der Frau geblieben, weil er es letztendlich als die bessere Entscheidung beurteilt hat als zu gehen. Wenn das gesehen und anerkannt wird, können Mutter und Vater zu den Folgen ihres Handelns stehen, und das kann dann vom Kind gewürdigt werden.

Wir wissen als betroffene Frau, als betroffener Mann, wie schwer es ist und wie weh es tut, wenn wir mit unserem Partner ernsthafte Schwierigkeiten haben. Um wie viel schwerer ist es da für die Kinder. Es ist nicht deren Sache, und sie haben keine Chancen, etwas zu verändern. Wenn jemand Lösungsmöglichkeiten hat, dann sind es wir, die Erwachsenen, die Verantwortlichen, und wir müssen das Problem lösen – oder wir werden eventuell daran scheitern. Auch das müssen wir selbst tragen. Doch unsere Kinder müssen wir davon frei halten.

Für die Kinder ist es wichtig, die Eltern als ein „Mann-Frau-Paar" sehen zu können und sie als ein Paar anzuerkennen. Möglicherweise als ein Ehepaar, das an seiner Paarschaft scheiterte, aber eben doch ein Paar ist.

Die Eltern geben und die Kinder nehmen. Wenn die Eltern etwas brauchen, müssen sie sich an ihre Eltern wenden (oder an gute Freunde). Die Meinung, zu den Eltern könne man nicht gehen, zeigt, dass hier ein ungelöstes Elternproblem vorliegt. Eine Fortsetzung dieses Problems bei den eigenen Kindern ist dann sehr wahrscheinlich.

Auch die verstorbenen Eltern sind eine Ansprechadresse für unsere Schwierigkeiten, denn für die Ökologie der Seele gibt es den Tod nicht.

Die Eltern geben den Kindern, aber sie nehmen nicht von den Kindern. Das wäre eine Umkehrung der Ordnung. Wenn sie dies tun, entsteht die Gefahr einer **Parentifizierung.** Eltern wollen von ihren Kindern nehmen, und die Kinder wollen ihren Eltern geben, wenn

- die Eltern von ihren eigenen Eltern nicht genommen haben oder
- ein Elternteil vom anderen Elternteil nicht nehmen will oder zu wenig bekommt.

Sie holen sich dann von ihren Kindern, was der Partner oder die Eltern ihnen schuldig geblieben sind.

Parentifizierungen kommen häufig vor. Die Situationen solcher Mütter oder Väter sind gut nachvollziehbar. Wir brauchen uns als Beispiel nur eine ganz normale Standardfamilie in unserer Gesellschaft vorzustellen, in der der Mann erst am Abend, vielleicht sogar spät und müde, nach Hause kommt, weil er sich im Beruf behaupten und Karriere machen muss oder sein Hobby, der Sport, ein Verein etc. viel von seiner Zeit in Anspruch nimmt. Die Frau hat nicht viel von ihm, sie schlittert in ein seelisches Defizit und wird zur Nörglerin. Und je mehr sie nörgelt, desto unerfreulicher wird das gemeinsame Zusammensein, und der Mann flüchtet sich noch mehr in seine Außenwelt. Die Frau leidet und zieht sich jetzt den Sohn als einen Vertrauten heran, mit dem sie ihren Kummer bespricht und ihre Neigungen teilt. Er muss ihr den Mann ersetzen, der ihr als Partner zu sehr gefehlt hat. Der Sohn vertritt jetzt seinen Vater, er muss erfüllen, was dieser versäumt hat (und tut es auch gern, weil er die Mutter liebt und sie nicht unglücklich sehen will). Der parentifizierte Sohn wird sich später im Leben mit seiner Partnerin sehr schwer tun, er wird auch für sie nicht wirklich ein Partner sein können.

Nach dem gleichen Muster entwickelt sich die Parentifizierung einer Tochter. Parentifiziert sein heißt also, in die Rolle eines Elternteils hineinzukommen, die dem Kind jedoch nicht gemäß ist. Für das Kind ist es eine Last, die es im Leben trägt, obwohl es von sich aus bereit war, aus Liebe zur Mutter oder zum Vater, diese Rolle zu übernehmen.

Am BEISPIEL der 50-jährigen Hannelore wollen wir die Wirkung einer Parentifizierung aufzeigen. Hannelore ist zwei Mal geschieden. Aus ihrer ersten Ehe hat sie zwei Kinder. Nach kurzen Ehejahren betrügt sie der Mann, worauf sie mit den Kindern aus dem gemeinsam gebauten Haus auszieht und sich scheiden lässt. Drei Jahre später heiratet sie ihren zweiten Mann, von dem sie einen Sohn bekommt. Obwohl sie sehr bald merkt, dass sie mit ihm nicht zusammenpasst, bleibt sie bei ihrem Entschluss, ihn zu heiraten. Bald kommt es jedoch zu einer Trennungsphase, in der der erste Mann wieder auftaucht. Sie wird erneut von diesem schwanger, lässt sich vom zweiten Mann scheiden und wird dann vom ersten Mann, der jetzt Vater von dreien ihrer Kinder ist, wiederum verlassen. Dies liegt jetzt acht Jahre zurück. Sie lebt seither allein mit den vier Kindern. Alle tragen den Namen ihres ersten Mannes.

Ihr Problem und Grund für die Aufstellung ist Stefan, der Sohn, den sie mit dem zweiten Mann hat. Er ist jetzt 13 Jahre, hängt an ihr (nach ihrer eigenen Aussage: „Er sitzt mir auf den Schultern und knabbert mich an wie eine Maus") und widersetzt sich gleichzeitig allem. Er wurde als Sonderschulkind eingestuft, obwohl er eine hohe Intelligenz hat.

URSPRUNGSFAMILIE

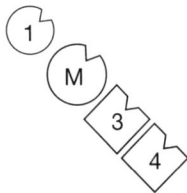

| X = Stellvertreterin Hannelore | 3 = 3. Kind, Bruder | V = Vater |
| 1 = 1. Kind, Schwester | 4 = 4. Kind, Bruder | M = Mutter |

An der Seite ihres Vaters nimmt Hannelore den Platz der Frau ein. Von ihrer Mutter nimmt sie an, dass sie als Mädchen nicht gewollt ist, sondern ein Junge sein sollte. Die Beziehung der Eltern ist lieb- und lustlos. Der Mann ist wenig zu Hause. Wenn er von seinen vielen Geschäftsreisen zurückkommt, empfängt ihn die Ehefrau gereizt und frustriert, während Hannelore ihn sehnsüchtig in Beschlag nimmt und auch die anderen Geschwister kaum an ihn heranlässt. Der Vater soll sie entschädigen. Ihm gibt sie die ganze Liebe, die sie der Mutter aufgrund der vermeintlichen Ablehnung nicht mehr zu geben vermag. So entstehen zwei Gruppierungen: die Mutter mit den drei Geschwistern und Hannelore mit ihrem Vater.

Ihre Aufstellung der GEGENWARTSFAMILIE sieht folgendermaßen aus:

Hannelore lebt die gleiche Konstellation wie ihre Mutter. Aufgrund der Parentifizierung war sie nicht fähig, sich wirklich ganz einem anderen Mann zuzuwenden. Genausowenig wie der Mutter gelingt es ihr, den Ehemann (die Ehemänner) an sich zu binden. Stattdessen zieht sie sich enttäuscht zurück und gruppiert die Kinder um sich. Diesen vermittelt sie ein – auf den jeweiligen Vater bezogenes

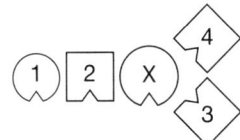

M 1	= 1. Mann	2	= 2. Kind, Sohn	M 2	= 2. Mann
1	= 1. Kind, Tochter	4	= 4. Kind, Sohn	3	= 3. Kind, Stefan

– negatives Vaterbild. Ihr Sohn Stefan steckt voller Wut auf die Mutter, er tendiert, wie die Aufstellung ergab, vehement zu seinem Vater. Gleichzeitig hat er Angst, die Mutter zu verlieren. In dieser für ihn ausweglosen Situation richtet er den Hass auf sich selbst.

Die Lösung: Sich der eigenen Mutter zuwenden, die Mutter hinter sich gestellt fühlen und sich getrauen, ihre Weiblichkeit zu leben. (Ein Feedback der Seminar-TeilnehmerInnen gegenüber Hannelore war: „Du gibst dich wie ein Mann und wirkst auch wie ein Mann auf mich.")

SCHLUSSBILD

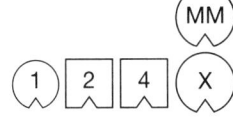

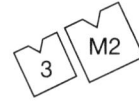

Für Eltern ist es sehr wichtig, sich die Frage zu stellen, welches Bedürfnis das Kind einem erfüllen soll ... und dann das Kind davon zu befreien. Fragen wir uns ernsthaft, „welches Bedürfnis soll mir mein Kind erfüllen", dann kommen wir dahinter, dass der Wunsch *mein Kind soll es einmal besser haben* in all seinen Spielarten eine Aufforderung an das Kind ist, ein Stück elterlicher Vergangenheit zu bewältigen. Es ist die nicht bewältigte eigene Geschichte, die Eltern dazu bringt, ihre Kinder zu manipulieren. Die Tochter soll einmal studieren (*weil ich dazu in meiner Jugend keine Chance hatte*), damit ich mir über die studierte Tochter jetzt meinen gewünschten Status holen kann. Der Sohn soll Tischler werden und einmal die Firma übernehmen, weil ich es so wichtig finde, dass dieser Betrieb über meinen Tod hinaus erhalten bleibt. Oder ich will endlich einmal einen Menschen haben, der mir ganz allein gehört, und der mich so braucht, dass er mich nie verlassen wird, mein Kind soll mir das erfüllen. Mein Kind soll mir das Gefühl geben, dass ich wichtig und unersetzlich bin, daher ist es mir nicht recht, wenn es viel bei anderen Leuten ist und diese anderen womöglich auch lieb hat. Bei meinem Kind bin ich mächtig, und diese Macht gibt mir das Gefühl, groß zu sein.

Das Kind wird zur lebenden Selbstbestätigung der Eltern. Wenn das Kind nicht so funktioniert wie erwartet, fühlt sich die Mutter in Frage gestellt. Das Kind, das im Supermarkt einen Wutanfall bekommt und sich auf den Boden wirft, verunsichert die Mutter. Jetzt werden die anderen glauben, dass sie ihrer Rolle als Mutter nicht gewachsen ist. Der Vater, der mit seinem Sohn im Caféhaus sitzt, bekommt ein flaues Gefühl, wenn dieser zu weinen beginnt: *Was wohl die Leute denken, der Junge ist für Tränen doch schon viel zu groß*. Hinter all den Manipulationen an Kindern stecken viel weniger die gutgemeinten Ratschläge für das Wohl der Kinder oder die Zwänge der Außenwelt, als vielmehr die Not der Erwachsenen, ihre Unsicherheit, ihre Verlorenheit, ihre eigene unbewältigte Vergangenheit.

Manchmal geben sich die Eltern selbst wie Kinder. Hier kann eine Hilflosigkeit der Mutter/des Vaters dahinterstecken, Unsicherheit, ein Nicht-zu-Rande-Kommen mit der Elternrolle. Manchmal ist es eine falsch verstandene Modernität, zum Beispiel, wenn Mütter sagen „ich bin die beste Freundin meiner Tochter" oder „wir sind wie Freundinnen". Das ist die Umkehrung der Ordnung. In der Tochter entsteht Wut. Wenn sie selbst der modernen Ideologie „Mutter und Tochter sind Freundinnen" auf den Leim gegangen ist, wird sie die Hintergründe der Wut nicht erkennen und sie unterdrücken. Vielleicht lebt die Tochter diese Wut dann gegen andere aus.

Die **Abtreibung** ist die extremste Form der Umkehrung der Rangordnung zwischen Eltern und Kindern, denn da gibt das Kind alles, es gibt ja sein Leben, und die Eltern nehmen alles, sie nehmen dem Kind das Leben. Die Abtreibung ist niemals die Sache der Frau allein, beide Teile tragen die volle Verantwortung. Auch der Vater, der nichts von der Abtreibung weiß, hat alles genommen.

Geschieht eine Abtreibung innerhalb einer Beziehung, dann ist diese in der Regel zu Ende. Ehepaare bleiben vielleicht zusammen, aber die Liebesbeziehung zwischen ihnen ist abgestorben. Das ist eine Folge der Abtreibung, wenn das Kind wie eine Sache gesehen und behandelt wird, etwas, über das man einfach verfügen kann. Etwas anderes ist es, wenn die Eltern keine andere Lösung in ihrer Lebenssituation finden und sich deshalb zu einer Abtreibung entschließen, jedoch im vollen Bewusstsein ihrer Schuld dem Kind gegenüber. Wenn sie diese Schuld annehmen, im Kind ein Gegenüber, eine Seele sehen und sich dessen bewusst sind, dass sie diesem Wesen jetzt alles abverlangen, bekommt es eine andere Qualität. Das Kind erhält dadurch seinen Wert und sein Opfer die entsprechende Anerkennung.

Dieser Vorgang ist sehr traurig und sehr tiefgreifend. Geschieht er, hat das Paar eine Chance, die Beziehung wieder neu zu beginnen.

Aber die erfolgte Abtreibung wird noch lange in die Beziehung hineinwirken.

In den Aufstellungen setzen wir das abgetriebene Kind vor die Eltern hin, sodass sie es voll anschauen und als ein Gegenüber wahrnehmen können. Dann legen Frau und Mann jeweils eine Hand auf den Kopf des Kindes. Sie sagen dem Kind: *Mein liebes Kind. Ich nehme dich jetzt als mein Kind. Ich gebe dir einen Platz in meinem Herzen.*

Wenn die Eltern den Schmerz wirklich spüren und leben und es ihnen gelingt, das Kind als ein Wesen zu sehen und anzuerkennen, dass es sein Leben hergegeben hat und dieses als Geschenk zu nehmen, dann fühlt sich das Kind zugehörig, und es kann wieder Frieden einziehen.

Zum Andenken an dieses Kind sollten die beiden dann etwas Gutes tun, etwas, das sie ohne diese Abtreibung nicht getan hätten. Jetzt darf das Kind wirklich tot sein und es darf vorbei sein. Aber es ist nicht vergessen.

Für das Paar spielt die Abtreibung also immer eine Rolle mit schwerwiegenden Folgen. Auf die Kinder in einer Familie wirkt sie in der Regel nicht. Macht eine Frau mehrere Abtreibungen, kann dies, nach meinen Beobachtungen, aber durchaus der Fall sein. Einmal erlebten wir die Aufstellung einer Frau, die das einzige Kind ihrer Eltern war. Ihre Mutter hatte elf Abtreibungen von verschiedenen Männern hinter sich. Diese Frau hätte also elf Geschwister gehabt. Sie hat, als einzige, „überlebt". Der Sog dieser elf Abtreibungen war gewaltig und hat auf die lebende Schwester in Form starker Schuldgefühle als schwere Last gewirkt.

Dies sind alles Beispiele dafür, wie Eltern von ihren Kindern nehmen, um sich Bedürfnisse zu befriedigen, die ungestillt sind, deren

Erfüllung sie sich aber von anderen Adressen holen müssten, nicht von ihren Kindern. Wenn die Kinder in die Rolle des Gebens kommen und die Eltern nehmen, dann hat dies im System schlimme Folgen.

Wichtig in diesem Zusammenhang ist, den Unterschied zu erkennen zwischen dem Nehmen dessen, was die Eltern sind, und dem, was sie dem Kind an Eigenem eventuell aufladen. Die Eltern so anerkennen, wie sie sind und daher annehmen, ist im Einklang mit dem Naturgesetz, da die Eltern nicht anders sein können, als sie sind und daher auch nur sich selbst weitergeben können. Aber das, was zum Leben der Eltern gehört und was in ihrer Verantwortung liegt, bleibt bei ihnen. Als Nachfolgender darf ich mir weder die Verantwortung der Eltern noch deren Schuld, sofern durch ihre Handlungen eine solche entstanden ist, aufladen. Die bleibt bei den Eltern, und wenn sie ein Nachfolgender übernommen hat, muss sie zurückgegeben werden, damit die Ordnung wieder hergestellt und das Kind wieder frei ist.

Klassische Beispiele für solche Schuldübernahmen sind: Scheidung, Trennung, Heiratenmüssen der Eltern, schlimme Ehe der Eltern, schwierige Schwangerschaft, schwere Geburt für die Mutter, Tod der Mutter bei der Geburt, Stillpsychose, Depression. In all diesen Fällen übernehmen die Kinder automatisch die Schuld. Wenn die Eltern zum Beispiel streiten oder sich gar scheiden lassen, glaubt sich das Kind dafür schuldig. Dies wird nur dann nicht der Fall sein, wenn die Eltern ihm definitiv vermitteln: *Du hast damit nichts zu tun. Wir haben es falsch gemacht. Wir haben es nicht besser gekonnt. Wir tragen die Verantwortung. Du bist frei davon, du bist das Kind.*

Auch die Verdienste der Eltern gehören zu den Eltern, sie haben sie selbst erworben, und so steht ihnen auch der entsprechende Genuss zu. Sich als Sohn oder Tochter die Verdienste der Eltern anzueignen ist falsch, dies gilt auch für materielle Güter, systemisch stehen sie den Kindern nicht zu. Wenn die Eltern den Kindern freiwillig schenken, ist es in Ordnung, aber es darf nicht gefordert werden, und es besteht kein Anspruch.

Das Kind „großer" Eltern hat es in dieser Hinsicht schwer. Es profitiert zwar vom Status und vom materiellen Vorteil der Eltern, aber irgendwann merkt es, dass die Verdienste der Eltern bei diesen bleiben, so sehr auch Versuche gemacht werden, sich selbst ins Licht dieser Verdienste zu stellen. Kinder von berühmten Menschen machen diese Erfahrung, und sie merken, dass es der beste Weg ist, sich davon abzugrenzen. Dann kann sich die Tochter, der Sohn, sammeln und aus den eigenen Fähigkeiten etwas Neues machen, das schließlich zu ihrem/seinem Verdienst wird.

Das, was gegeben wird, muss anerkannt werden. Viele Menschen fühlen sich in des anderen Pflicht, wenn dieser etwas gibt. Daher vermeiden sie, es anzunehmen, um nicht ein Schuldgefühl zu bekommen. Doch das ungute Gefühl bleibt und treibt die Betroffenen in noch weitere verschlimmernde Haltungen: Sie meiden nun den verhinderten Geber und glauben, wenn sie keinen oder weniger Kontakt mit ihm hätten, wäre das Problem aus der Welt. Die Lösung ist aber eine andere: Wenn das Erhaltene gesehen und gewürdigt wird, vergeht das Gefühl der Schuld, und das entsprechende System ist wieder im Gleichgewicht. Das Anerkennen und Würdigen ist eine innere Haltung und findet seinen äußeren Ausdruck im Danken. Es ist das einfache Danke sagen, und das genügt.

Anerkennen und Würdigen fällt uns leichter, wenn wir aufhören, lediglich auf das Negative hinzuschauen, auf das, was wir am anderen nicht mögen, was uns missfällt. Es ist wichtig, Toleranz zu entwickeln für das Schlimme im Guten und das Gute im Schlimmen. So ist zum Beispiel der Vater nicht nur aggressiv und verbietend, er ist auch freundlich und gewährend; und die Mutter ist nicht nur nörgelnd und abwertend, sie ist auch verständnisvoll und anerkennend.

Letztendlich werden wir die Fähigkeit, einem Menschen dauerhaft Würde und Achtung entgegenzubringen, nur dann erlangen, wenn wir die Handlung von der Person trennen. Wenn einer lügt, und ich sage dann: „Du bist ein Lügner", werde ich dem Menschen nicht gerecht. „Du hast mich belogen" ist effektiver. Denn der andere hat in seinem Verhalten zu mir sicher nicht immer gelogen und daher auch immer wieder die Wahrheit gesagt. Stellen wir uns vor, dieser andere wäre unser Partner oder unser Kind. „Du bist ein Lügner" stempelt den ganzen Menschen ab und steckt ihn in eine Schublade. Wie sollen wir einen Menschen, der als Lügner abgestempelt ist, achten können? Da werden wir uns schwer tun. Stattdessen müssen wir unterscheiden lernen: Dieser Mensch hat einen Fehler begangen, aber er selbst ist weder der Fehler noch die Lüge. Er kann sich dann entschließen, sein Verhalten zu ändern, ohne seine Selbstachtung zu verlieren. Erkennen wir aber an, dass der andere ein Wesen ist mit einem riesigen Potenzial an Möglichkeiten, woraus er jetzt die Lüge gewählt hat, dass er aber, vielleicht unter anderen Bedingungen, auch ganz anders handeln kann, dann können wir besagte Handlung verurteilen, den Menschen aber weiterhin achten und würdigen. Und wir hören auf, ihm auch für die Zukunft betrügerische Handlungen anzuhängen.

Wenn Familien- und Beziehungssysteme funktionieren sollen, müssen wir dieses Auseinanderhalten von Person und Handlung erlernen und praktizieren. Jeder macht im Laufe der Jahre Fehler und begeht auch schlimme Handlungen. Die Enttäuschung darüber darf nicht dazu führen, den Menschen deshalb niedriger einzustufen oder zu entwerten. Alle Lebewesen haben grundsätzlich gute Absichten. Auch wenn sie die zweifelhaftesten Taten begehen, sind diese auf eine (manchmal nicht besser gewusste, manchmal fehlgeleitete) gute Absicht zurückzuführen.

Eine weitere Form des guten Ausgleichs ist das Verzeihen und Vergeben. Hat in einem System einer dem anderen etwas Schlimmes zugefügt und es wird ihm vergeben, dann tritt der Ausgleich ein, und das System pendelt wieder ins Gleichgewicht. Das Nicht-Verzeihen ist häufig. Die Folgen lassen sich in der gesamten Weltliteratur nachlesen. Durch das Nicht-Verzeihen bleibt das Schlimme erhalten, und ein Nachfolgender im System kommt in Versuchung sich einzumischen in das, was früher war. Wenn das geschieht, bestraft sich jemand unbewusst für diese Einmischung, oft mit dem Tod. „Jede Tragödie lebt davon, dass einer mit gutem Gewissen und bester Absicht etwas erreichen will, aus Liebe. Doch diese Liebe macht ihn blind für die Ordnung. Der Verstoß gegen die Ordnung wird vom archaischen Gewissen gerächt, sodass er untergeht. Wenn man weiß, wie das hintergründige Wissen wirkt, kann man Lösungen finden und sich vom Fluch des Gewissens befreien." [17]

Oft genügt es dabei schon, dem Betreffenden (dem, der bezahlt hat) in die Augen zu schauen, über die Augen in die Seele zu schauen, und ihm einen Platz im Herzen zu geben. Dann hört das Bedürfnis nach Sühne auf.

Alle Handlungen, die Menschen begehen, sind solche, zu denen sie im Moment gerade fähig sind. Wir können nur mit so viel Weisheit agieren, wie uns eben zur Verfügung steht. Unsere Möglichkeiten zu entwickeln, weiser zu werden, ist ein Ziel. Doch können wir lernen, uns in allen Situationen im Umgang mit Menschen stets die Frage zu stellen: „Verhalte ich mich so, dass es gut weitergehen kann? Oder mache ich jetzt etwas, wodurch ich zerstöre?"

---

17) Hellinger, Bert: Die Ordnungen der Liebe

FALLBEISPIEL: SUSANNE, 20 Jahre
„Mein Vater ist an allem schuld."

Susanne ist ein Scheidungskind. Ihr Vater hat die Familie einer anderen Frau wegen vor 10 Jahren verlassen. Streit hat es vorher schon häufig zwischen den Eltern gegeben. Nun aber schimpfen die Mutter, der Vater und die neue Frau sich bei Susanne darüber aus, was sie am jeweils anderen störte. „Wie es mir ergangen ist, kann ich nicht so genau sagen. Ich habe immer nur zugehört und in mich hineingefressen." Mit 14 Jahren fällt das Mädchen durch aggressive Handlungen auf, sie schlägt eine Mitschülerin zusammen, Beziehungen mit Freundinnen und Freunden verlaufen schwierig oder misslingen. Seit dem 17. Lebensjahr hat Susanne Bulimie.

TH: *Susanne, um was geht es bei dir?*
SUSANNE: *Ich habe mir schon mehrmals eine Therapiestelle angeschaut, konnte mich aber nicht entscheiden. Ich habe sehr viele Gedanken in meinem Kopf, aber es ist alles so unklar. Oft habe ich Kopfschmerzen, und immer ist mir kalt. Ich fühle mich verlassen, ich finde nicht zu mir. Manchmal denke ich mir, das Leben hat ja sowieso keinen Sinn, wenn ich aber länger darüber nachdenke, kommen wieder Funken der Lebensfreude daher, und ich möchte mein Leben verändern können.*
TH: *Wir werden deine Herkunftsfamilie aufstellen, Susanne. Wer gehört dazu?*
SUSANNE: *Mein jüngerer Bruder und meine jüngere Schwester, meine Mutter und ihr Freund, der seit 5 Jahren bei uns wohnt, mein Vater und seine zweite Frau.*
TH: *Okay, stell das auf.*

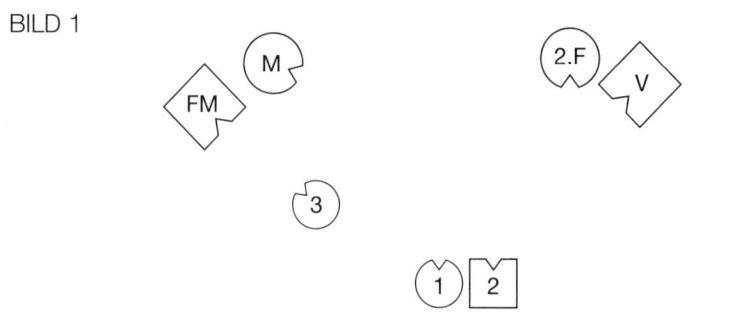

M   = Mutter   1 = STV Susanne   3   = Schwester
V   = Vater   2 = Bruder   2. F = zweite Frau
FM = Freund der Mutter

TH: *Wie geht es der Mutter?*
M: *Sehr schlecht. Warum schauen mich die Kinder nicht an? Mit der Jüngsten ist es gut, aber die beiden anderen, die gehören auch da her* (zeigt auf den Platz vor ihr). *Der Freund hinter mir ist ganz gut; vorher, wie du mich hingestellt hast und der Freund war noch nicht da, haben mich die zwei da drüben (erster Mann und dessen zweite Frau) wahnsinnig gestört. Das ist jetzt ein bisschen besser.*

Der Bruder und die Stellvertreterin von Susanne haben sich gleich nach der Aufstellung an der Hand gehalten und stehen da wie Hänsel und Gretel.

BRUDER: *Die Schwester neben mir ist mir ganz wichtig, von der zweiten Schwester sehe ich nichts, und ich verstehe nicht, warum die Eltern so weit auseinander und so weit weg sind.*
SCHWESTER: *Ich bin froh, dass ich die Mutter vor mir habe, diese Frau da neben dem Papa hätte ich lieber auf der anderen Seite stehen.*
V: *Ich mag meine Kinder, die könnten näher sein, und die Frau neben mir ist in Ordnung.*

128

STV S: *Das Wichtigste ist mein Bruder neben mir, sonst ist alles leer und kalt, zu meinen Eltern hin ist nicht viel da.*

BILD 2

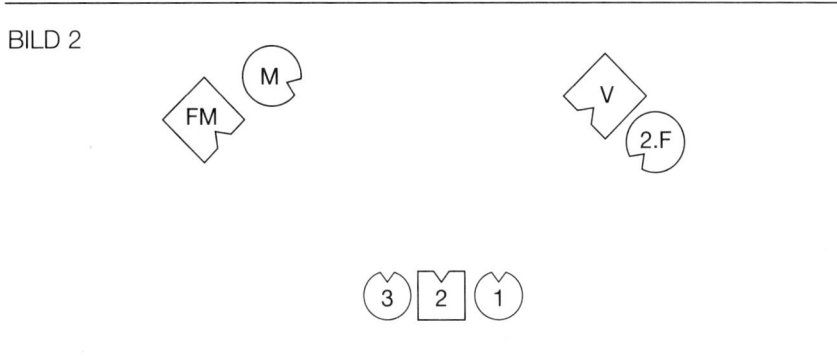

M: *Ja, das ist gut, wenn ich ihn da so vor mir habe. Der Mann soll mich anschauen müssen. Der Freund neben mir, ich weiß nicht, ich würde eher hinter mir jemanden brauchen.*
FM: *Ich habe eine Beziehung zur Frau und zu den Kindern. Ich würde gern mehr dazugehören, aber ich habe da nicht wirklich einen Platz.*

Die Therapeutin stellt die Großmutter (Mutter der Mutter) hinter sie.

BILD 3

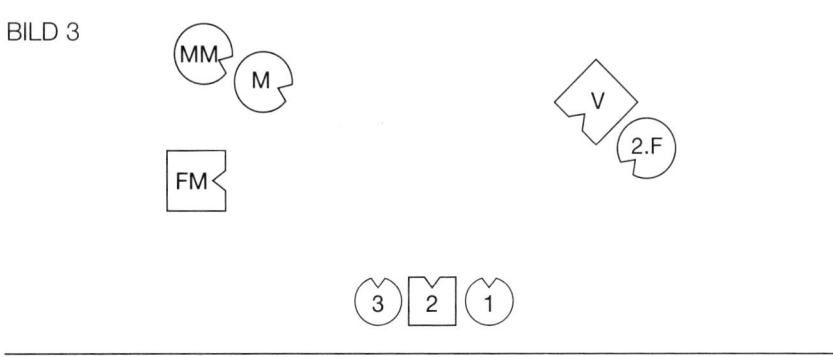

MM = Mutter der Mutter (Großmutter)

M: *Ja, das ist besser, da fühle ich mich sicherer.*
STV S: *Für mich ist es gut, dass meine Schwester jetzt da in einer Reihe mit uns steht. Und vorne ist jetzt eine große Spannung da.*
TH: *Für das System ist der Freund nicht wichtig, wohl aber die Mutter der Frau. Hinter sich die Mutter zu wissen, bindet die Frau ein in den Energiefluss der Frauen. So fließt die Kraft von der Urmutter über die Urgroßmutter, Großmutter und Mutter durch die Zeit und weiter in die nächste Generation. Diese Energie stärkt und befähigt, das Frau-Sein in der vollen Kraft zu leben.*

Die Therapeutin rückt die beiden Eltern noch ein Stück näher.

BILD 4

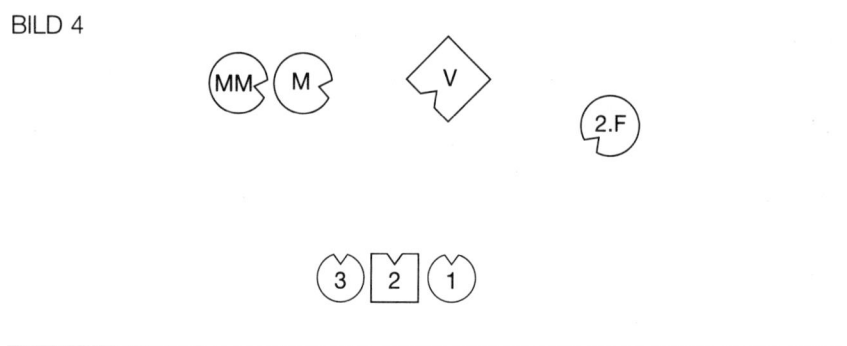

M: *Die Nähe ist in Ordnung, er soll mich anschauen müssen, ich bin sehr wütend auf ihn, aber ich möchte lieber, dass ich zu ihm hingehe, ich möchte nicht, dass er so nahe zu uns herkommt.*
V: *Ich kann sie fast nicht anschauen ... Ich fühle mich schuldig.*

Alle drei Kinder halten sich jetzt an den Händen.

Zweite Frau: Ich habe zu den Kindern ein sehr gutes Gefühl, und ich mag sie. Ich mag auch den Mann sehr.

Die TH holt jetzt Susanne in die Aufstellung und sagt zu ihr: „Du kannst jetzt von deinem Platz aus zuschauen was da passiert." Dann führt sie die zweite Frau vor die erste Frau (M) hin.

BILD 5

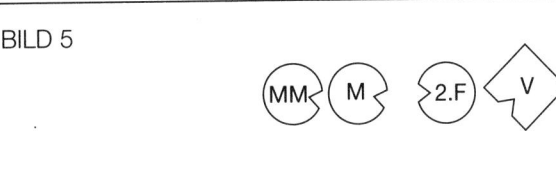

TH (zur zweiten Frau): *Sag zur ersten Frau: Ich habe dir sehr weh getan, ich habe dir deinen Mann genommen.*
Zweite Frau: *Ich habe dir sehr weh getan, ich habe dir deinen Mann genommen.*
TH: *Ich habe dir das Höchste abverlangt.*
Zweite Frau: *Ich habe dir das Höchste abverlangt.*
TH: *Ich achte dich und würdige dich und stelle mich deinen Forderungen.*
Zweite Frau: *Ich achte dich und würdige dich und stelle mich deinen Forderungen.*

Sie kniet sich nieder und beugt tief den Kopf. Die erste Frau atmet tief ein und aus und schaut auf die Frau am Boden. Nach einiger Zeit ...

TH (zu M): *Wie geht es dir jetzt?*
M: *Viel besser.*

Die TH bittet die zweite Frau wieder aufzustehen und fragt Susanne nach dem Vornamen ihres Vaters.

TH (zur zweiten Frau): *Sag ihr: Jetzt habe ich den Stefan noch ein bisschen, dann verliere ich ihn auch.*

Zweite Frau: *Jetzt habe ich den Stefan noch ein bisschen, dann verliere ich ihn auch.*

TH: *Jetzt stelle ich die Ordnung auf.*

BILD 6

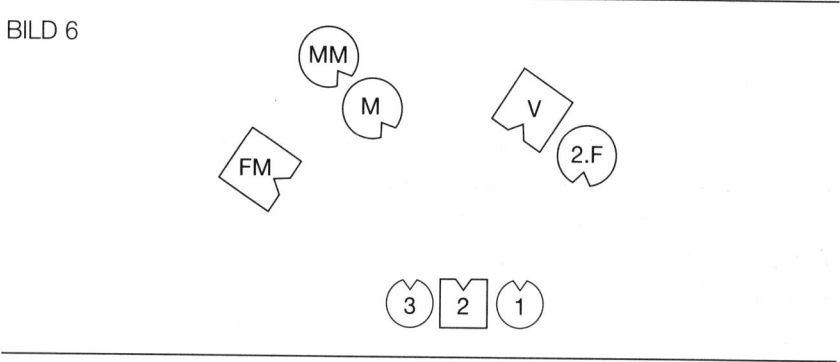

Die TH führt Susanne nun zu ihrem Vater hin. *Sag zu ihm: Ich habe dich verachtet ... wie die Mama.*

SUSANNE: *Ich habe dich verachtet ... wie die Mama.*

TH: *Ich habe dich verleugnet ... wie die Mama.*

SUSANNE: *Ich habe dich verleugnet ... wie die Mama.*

TH: *Jetzt tut es mir Leid.*

SUSANNE (unter Schluchzen): *Jetzt tut es mir Leid.*

TH: *Tief durchatmen, damit du eine klare und kräftige Stimme bekommst ...*

Sag ihm jetzt: Lieber Papa, ich hätte viel mehr von deiner Liebe gebraucht.

SUSANNE: *Lieber Papa, ich hätte viel mehr von deiner Liebe gebraucht.*

TH: *Ich hätte dich so gebraucht, Papa.*

SUSANNE: *Ich hätte dich so gebraucht, Papa.*

TH: Bitte ... bitte Papa ... bitte ...

SUSANNE: *Bitte ... bitte Papa ... bitte.*

TH: *... Bitte, Papa, halt mich fest und zeig mir, dass du mich lieb hast.*

SUSANNE: *Bitte, Papa, halt mich fest und zeig mir, dass du mich lieb hast.*

Der Vater nimmt die zitternde Susanne in seine Arme und hält sie lange fest, solange, bis das Zittern und Weinen aufhört und sie ganz ruhig wird.

TH (zu V): *Sag deiner Tochter jetzt: Ich übernehme die Verantwortung, du bist mein Kind, du bist unser Kind. Du darfst mich haben als deinen Vater, und ich achte in dir auch deine Mutter.*

V: *Ich übernehme die Verantwortung, du bist mein Kind, du bist unser Kind. Du darfst mich haben als deinen Vater, und ich achte in dir auch deine Mutter.*

Jetzt geht Susanne zu ihrer Mutter.

TH: *Sag zu ihr: Der Papa ist mir genauso wichtig wie du, und ich nehme alles von ihm wie von dir.*

SUSANNE: *Der Papa ist mir genauso wichtig wie du, und ich nehme alles von ihm wie von dir.*

Die Mutter nickt.

TH (zur M): *Sag deiner Tochter: Du darfst alles nehmen, was von mir kommt, und du darfst alles nehmen, was von deinem Vater kommt. Ich stimme dem zu, wenn du so wirst wie dein Vater.*

M: *Du darfst alles nehmen, was von mir kommt, und du darfst alles nehmen, was von deinem Vater kommt. Ich stimme dem zu, wenn du so wirst, wie dein Vater.*

TH: *Ich achte in dir auch deinen Papa.*

M: *Ich achte in dir auch deinen Papa.*

TH: *Dass es mit deinem Papa und mir schiefgegangen ist, dafür übernehme ich die Verantwortung, du hast nichts damit zu tun, du bist frei.*

M: *Dass es mit deinem Papa und mir schiefgegangen ist, dafür übernehme ich die Verantwortung, du hast nichts damit zu tun, du bist frei.*

Susannes Aufstellung zeigt zunächst einmal die Leere, die sie in sich selbst erlebt. Mit ihrem Bruder verbündet sie sich. Zwei Kinder, die aneinander Halt suchen, weil der Halt der Eltern fehlt. Die Mutter will die Kinder auf ihrer Seite haben (*„die gehören da her, warum schauen die mich nicht an?"*), ist aber selbst immer noch – obwohl zehn Jahre seit der Scheidung vergangen sind – auf den Vater konzentriert. Sie steht in Konfrontation zu ihm, die dieser, abgedeckt durch die zweite Frau, verweigert. Die Beziehung zwischen den beiden ist noch nicht beendet. Da ist noch Einiges ungelöst, wodurch ein extremes Spannungsfeld entstand, dem alle Beteiligten durch Distanz auszuweichen versuchten.

Durch das Ermöglichen der Konfrontation – beide gehen aufeinander zu – kommen nun die Wut der Frau und das Schuldgefühl des Mannes an die Oberfläche. Die zweite Frau hat in der Vergangenheit verhindert, dass die beiden ehemaligen Partner sich einander stellen konnten. Durch ihr Eingeständnis *„Ich habe dir wehgetan, ich habe dir das Höchste abverlangt"* und ihre bezeugte Achtung vor der ersten Frau übernimmt auch sie Verantwortung für ihre Handlungen. Der Satz *„Jetzt habe ich den Mann noch ein bisschen, dann verliere ich ihn auch"* rückt das abgelaufene Drama zurecht und führt die zweite Frau in die Haltung der Demut. Denn auch sie wird den Mann einmal verlieren, wenn nicht früher, dann in letzter Instanz durch den Tod. Das macht die beiden Frauen gleich und ebenbürtig. Es gibt keinen Triumph und keinen Verlierer mehr.

Jetzt erst können beide Eltern sich wieder als ein Elternpaar fühlen und ihre Funktion, Mutter und Vater für Susanne zu sein, erfüllen. Susanne kann den ausgeklammerten Vater integrieren und die Last der Verantwortung für das entsprechende Leid und Unglück der Mutter überlassen.

Die Dynamik der Bulimie (Essanfälle mit anschließendem Erbrechen) ist, dass das Kind nur von der Mutter und nicht vom Vater nehmen darf. Daraufhin nimmt es von der Mutter aus Treue zu ihr (Fresssucht) und erbricht das Genommene aus Loyalität zum Vater. So versucht das Kind unbewusst beiden Eltern gerecht zu werden. Durch die Erlaubnis der Mutter *„Du darfst auch vom Vater alles nehmen"* kommt das Kind aus dem Teufelskreis heraus.

Wir sehen an Susannes Beispiel sehr gut, warum Mütter sich gegen eine Verbindung des Kindes mit seinem Vater sträuben. Es ist der Schmerz und die Enttäuschung über den Partner, die Wut, von ihm missachtet, betrogen, hereingelegt oder sonstwie schlecht behandelt worden zu sein. Aus dem „schlechten" Ehemann wird dann der „schlechte" Vater gemacht. Ich formuliere bewusst gemacht, denn es liegt sehr viel in der Macht von uns Frauen, den guten Zugang des Mannes zum Kind zu fördern oder nicht. Das erfordert Größe und ein Hinauswachsen über unsere eigene Gekränktheit. Wenn wir dahinter kommen und merken, welche Last wir unseren Kindern damit für das ganze weitere Leben ersparen, wird uns das auch eher gelingen.

FALLBEISPIEL MARGIT
„Deine Liebe genügt mir nicht"

M: *Ich vermisse bei meinem Mann die Wärme. Ich brauche mehr Nähe. Er ist freundlich und gut zu mir, aber da ist eine Distanz. Ich habe vor einigen Jahren eine außereheliche Beziehung gehabt, die einige Jahre gedauert hat. Dieser Mann hat mir all die Nähe gegeben, die ich bei meinem Mann vermisse. Die Beziehung zu diesem Mann – er ist verheiratet und hat ebenfalls zwei Kinder – habe ich vor zwei Jahren beendet. Wir wussten, dass das keine Zukunft haben kann, alle haben nur mehr gelitten, er und seine Frau und die Kinder, und mein Mann und meine Kinder. Ich habe mich wieder ganz zu meinem Mann und meiner Familie bekannt, aber die gewünschte Nähe von meinem Mann zu mir hat sich nicht eingestellt.*

Margits Teilnahme am jetzigen Seminar hat eine Vorgeschichte. Die Frau hat vor etwas mehr als zwei Jahren, bevor sie die endgültige Trennung von ihrem verheirateten Freund vollzog, schon einmal eine Familienaufstellung gemacht. Sie hatte bis zu diesem Zeitpunkt oft den Entschluss gefasst, die Beziehung zu beenden, es aber nie wirklich geschafft. Das in solchen Situationen übliche Spiel – Trennung vom Geliebten, wieder einlassen, neuerliche Trennung, wieder neuer Anfang etc. –, welches sich meist in größter Dramatik über lange Zeiträume hinzieht, lief auch in Margits Familien- und Eheleben ab.

Die damalige Aufstellung deckte die Einwirkung einer weit zurückliegenden Beziehung auf. Margits erster Freund war ihre große Liebe gewesen. Nach einer für sie wunderschönen gemeinsamen Zeit lernte er eine andere Frau kennen und gab Margit den Laufpass. In ihrem Unbewussten war und blieb dieser erste Freund das Ziel ihrer Sehnsucht. Ohne diese Trennung in ihrem ganzen Schmerz durchlitten zu haben, stürzte sie sich in eine neue Beziehung und ließ sich von einem neuen Mann, ihrem späteren Ehemann, auffangen. Er gab ihr Trost und das Gefühl, eine liebens- und begehrenswerte Frau zu sein. Der Reiz der neuen Verliebtheit, die folgende Heirat, die Schwangerschaften und Geburten, die Kinder und die Organisation des Familienlebens forderten die junge Frau und nahmen ihr Wachbewusstsein völlig in Anspruch. Nachdem die Kinder dann etwas größer und selbstständiger waren, arbeitete sie stundenweise in einem Job, der sie in Kontakt mit vielen Menschen brachte und ihr Freude machte. Sie hatte jetzt wieder mehr Zeit für sich selbst und ihre Bedürfnisse; alles lief ja gut und in geordneten Bahnen. In dieser Zeit lernte sie einen Mann kennen, mit dem sie schließlich eine jahrelange leidenschaftliche Beziehung einging. Nachdem sie viele Male erfolglos die Trennung sowohl vom Geliebten als auch alternativ von ihrem Ehemann versucht hatte, und weder den einen noch den anderen aufgeben konnte, fühlte sie sich vollkommen in einer Sackgasse, aus der sie keinen Ausweg mehr sah.

Rückschau auf die Aufstellung vor zwei Jahren:

BILD 1

M = Mann	1 = erstes Kind, Sohn	G = Geliebter
F = Frau	2 = zweites Kind, Tochter	

Die Blickrichtung der Frau geht wohl zum Geliebten, aber sie geht praktisch an ihm vorbei bzw. über ihn hinaus. Ihr Sohn schaut in die gleiche Richtung, während ihr Mann und die Tochter vollkommen auf das Geschehen innerhalb der Familie ausgerichtet sind.

TH: *Gab es da früher jemanden in deinem Leben?*
MARGIT: *Ja, einen Freund. Die Beziehung dauerte drei Jahre. Er war meine erste Liebe. Aber das ist schon lange vorbei.*

Die Therapeutin holt einen Mann aus der TeilnehmerInnen-Runde und stellt ihn hinter den Geliebten. Die Frau sieht ihn und fängt sofort zu weinen an.

BILD 2

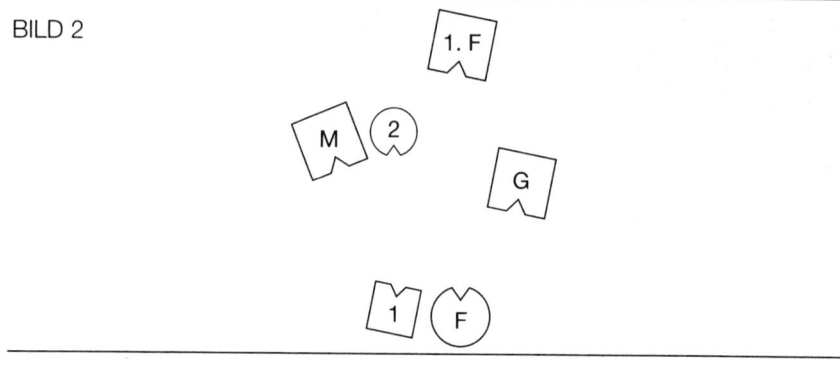

In der Auflösung vollzieht Margit die gute und achtungsvolle Trennung von ihrem ersten Freund und trennt sich im Frieden von ihm. Wir versuchen auch mittels des Stellvertreters die Identifikation des Sohnes mit dem ersten Freund der Mutter aufzuheben. Das Schlussbild Margits sieht folgendermaßen aus:

BILD 3

Ein Jahr später bekommt die TH von Margit bei einer zufälligen Begegnung das Feedback, dass sie nach dem Seminar „wusste, wo sie hingehörte", und dass ihr die Loslösung vom Geliebten auf eine gute Weise gelungen war. Sie sei froh, dass diese Sache nun hinter ihr liege und glücklich über das Gefühl der Zugehörigkeit zu ihrer Familie. Allerdings vermisse sie ein stärkeres Eingehen des Mannes auf ihre Bedürfnisse.

Nun, wieder ein Jahr später, steht sie also da und macht ihre gegenwärtige Aufstellung:

BILD 1

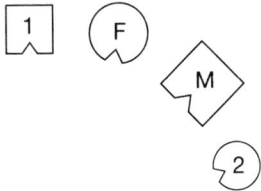

TH (zum Sohn): *Wie geht es dir?*

SOHN: *Nicht so gut, meine Schwester ist mir zu weit weg, die fehlt mir. Irgendwie ist alles so leer da vorne, auch habe ich nicht das Gefühl, dass wir alle zusammengehören.*

F: *Mein Mann steht zwar neben mir, aber ich spüre nicht viel von ihm, meine Kinder hätte ich gerne näher ...*

M: *Ich weiß eigentlich nicht recht, was ich da soll, meine Tochter da neben mir ist gut, die ist wichtig, ich hätte auch gerne den Sohn hier drüben ... und sonst merke ich da eine Leere.*

TOCHTER: *Da beim Papa ist es gut, vorne und links ist es kalt.*

Wohin schauen die alle? Was liegt da vorne? Was hat so eine starke Wirkung auf diese Familie, dass sie die ihr gemäße Ordnung nicht halten kann?

TH: *Margit, ist in der Familie deines Mannes etwas passiert, gab es irgendein Schicksal?*

MARGIT: *Nein, in seiner Familie weiß ich nichts. Aber mein Mann hatte vor mir auch eine Beziehung, die einige Jahre dauerte und dann von der Frau gelöst worden ist. Meinem Mann hat das damals angeblich sehr wehgetan. Komisch, sie war eine eher unscheinbare Frau* (was man von Margit nicht sagen kann, sie ist attraktiv und fällt auf). *Ich habe nie verstanden, was er an ihr gefunden hat.*

BILD 2

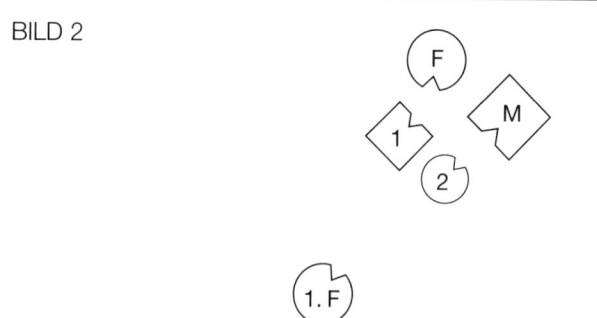

SOHN: *Ich möchte mich umdrehen und sehen, was da los ist.*
TOCHTER: *Ich bekomme Kreuzschmerzen.*
M: *Meine Kinder vor mir sind gut, die da hinten, meine frühere Freundin ... Ich weiß nicht ...*
F: *Ich möchte diese Frau da besser sehen können.*

BILD 3

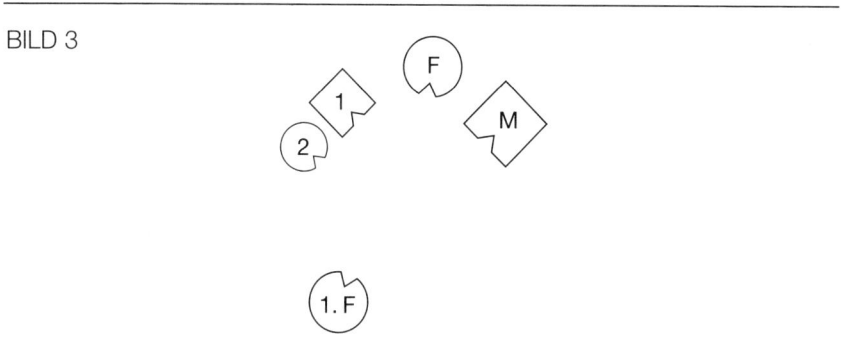

SOHN: *Für mich ist es gut.*
TOCHTER: *Die Frau macht mich sehr neugierig.*
M: *Ich möchte sie nicht sehen, ich möchte eigentlich meine Ruhe haben.*

Die Therapeutin führt den Mann zu seiner ersten Freundin hin: *Schau ihr in die Augen ... Schau sie an ...*
Der Mann will wieder wegschauen, seufzt.

TH: *Nein, schau sie an ... ganz ruhig und ganz offen ... bis du merkst, dass du bei ihr ankommst ... schau ihr in die Augen, bis du bei ihrer Seele ankommst.*

Nach einiger Zeit wird sein Blick fester und offener, während das Seufzen zunimmt. Dann flüstert er: *Du hast mir so weh getan.*

TH: *Ja, sag´s lauter.*
M: *Du hast mir so weh getan.*
TH: *Es war so schwer für mich, wie du gegangen bist.*
M: *Es war so schwer für mich, wie du gegangen bist.*

Die erste Freundin greift nach seinen Händen.

TH (zur ersten Freundin): *Es tut mir Leid, es tut mir so Leid.*
Erste Freundin: *Es tut mir Leid, es tut mir so Leid, ich hab´ dir nicht weh tun wollen.*

Mann und Frau stehen eine Weile so, schauen sich an, und Tränen rinnen über beider Wangen.

TH (zum Mann): *Du hast mir aber auch viel gegeben. Ich weiß das, und dafür danke ich dir, ich nehme es mit in mein Leben und achte es.*
M: *Du hast mir aber auch viel gegeben. Ich weiß das, und dafür danke ich dir, ich nehme es mit in mein Leben und achte es.*
TH: *Und das, was ich dir gegeben habe, das habe ich dir gern gegeben, und ich freue mich, wenn du es behältst.*
M: *Und das, was ich dir gegeben habe, das habe ich dir gern gegeben, und ich freue mich, wenn du es behältst ... zwischen uns darf jetzt Frieden sein.*
TH: *So ist es.*

Die Therapeutin fordert nun die Stellvertreterin von Margit auf sich zu setzen und holt Margit, die den bisherigen Ablauf in starker emotionaler Bewegung mitverfolgt hat, in die Familienaufstellung hinein.

TH: *Schau sie jetzt alle einmal an.*

Dann führt sie Margit zur ersten Freundin hin und stellt sie vor dieser auf. Margit schaut sie offen und etwas von oben herab an.

TH (zu Margit): *Du bist die erste Frau, ich bin die zweite.*
MARGIT: *Du bist die erste Frau, ich bin die zweite.*
TH: *Du warst vor mir, und das erkenne ich an. Ich gebe dir die Achtung.*
MARGIT: *Du warst vor mir, und das erkenne ich an. Ich gebe dir die Achtung.*
TH (zur ersten Freundin): *Wie geht es dir?*
Erste Freundin: *Das glaube ich nicht. Ich glaube ihr das nicht, dass ihr das ernst ist.*
MARGIT: *Das stimmt, ich nehme sie nicht ernst, nicht wirklich.*
TH (zu Margit): *Schau ihr in die Augen ... schau sie an ... bis du wirklich bei ihr bist, bis du wirklich bei dieser Frau bist.*

Margits Blick wird weicher und verstehender.

TH (zu Margit): *Siehst du jetzt die Frau, die so viel Wert hat, dass sie imstande war, die Liebe deines Mannes zu gewinnen?*

Margit nickt.

TH: *Jetzt sag ihr, während du ihr weiterhin in die Augen schaust: Du bist die erste und ich bin die zweite. Ich bin nicht besser als du.*

Margit flüstert: *Ja, genau, das ist es, ich habe immer so getan als wäre ich die bessere.*
Sie wiederholt: *Du bist die erste und ich bin die zweite. Ich bin nicht besser als du.*

TH: *Und jetzt gebe ich dir die Ehre.*
MARGIT: *Und jetzt gebe ich dir die Ehre.*

Sie macht eine Verbeugung vor der ersten Frau. Die beiden Frauen fallen sich aufatmend in die Arme. Zwischen ihnen wird ein tiefes Verstehen spürbar.

BILD 4

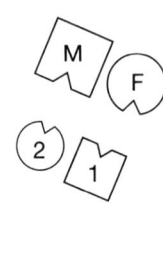

M: *So fühle ich mich sehr wohl, ich spüre jetzt sehr viel Liebe zu meiner Frau hin, sehr viel Nähe, und mit den Kindern da vorne ist es auch gut. Dass die Freundin jetzt da hinten steht und sie in eine andere Richtung schaut, ist mir recht.*

Erste Freundin: *Ich weiß, dass ich ihn sehen könnte, wenn ich meinen Kopf drehe, aber mein Weg geht woanders hin, und ich habe auch das Bedürfnis, noch ein bisschen weiter weg zu gehen.*

Der Mann nickt dazu.

SOHN: *Mir geht es gut.*
TOCHTER: *Jetzt schaue ich die Mama viel lieber an. Beide, die Mama und der Papa, sind jetzt für mich wichtig.*

TH (zu Margit): *Ja, stell dich ganz nah zu ihm, lehne dich an, spüre dich an seinem Herzen. An seiner linken Seite bist du seinem Herzen nahe, und seine Liebe kann so zu dir fließen.*

Margit steht eine kleine Weile so, seufzt glücklich und schaut hin und wieder zu ihrem Mann hinauf. Die Therapeutin dreht sie nun um, sodass sie vor ihrem Mann steht und ihm in die Augen schauen kann.

TH: *Jetzt sag ihm: Mein lieber Bruno, mein lieber Mann, ich entlasse dich jetzt aus meiner Anforderung, dass du mir mehr Nähe und Wärme geben müsstest.*

MARGIT: *Mein lieber Bruno, mein lieber Mann, ich entlasse dich jetzt aus meiner Anforderung, dass du mir mehr Nähe und Wärme geben müsstest.*

TH: *Ich nehme, was du mir gibst, und ich achte es.*

MARGIT: *Ich nehme, was du mir gibst, und ich achte es.*

Plötzlich schießen dem Mann die Tränen in die Augen, und er umarmt Margit spontan und mit großer Herzlichkeit.

Nach einer Weile sagt er: *Das war so eine Erleichterung für mich, dieser Satz, dass du an mich diese Anforderung nicht mehr stellst. Auf einmal hatte ich ganz stark das Bedürfnis nach deiner Nähe, und ich wollte dir auch meine Nähe zeigen.*

Ein chinesisches Sprichwort sagt: „Deine Erwartungen sind die Ursachen jeder Krankheit." Mit anderen Worten: Schraube deine Erwartungen zurück, und du wirst gesünder sein. An dieser Aussage ist sehr viel Wahres. Unsere Erwartungen an den anderen machen uns, wenn sie nicht erfüllt werden, unglücklich. Oft verknüpfen wir sie mit dem Beweis von Liebe oder Anerkennung: „Wenn du das oder das tust, liebst du mich, ansonsten habe ich den Beweis, dass ich dir egal bin." Wie eng wird da die Welt für die zwei, beide beginnen zu leiden. Je stringenter die Vorstellungen sind, wie der andere oder wie die Beziehung zu sein hätte, desto mehr gerät der Fluss der Liebe ins Stocken. Die Frustration über die unerfüllten Erwartungen hindert daran, das Gute und Liebenswerte am anderen zu sehen und es in Freude und Dankbarkeit anzunehmen. Viele meinen, die Eheschließung oder das Bekenntnis zur Beziehung bedeute, dass sie nun einen Anspruch auf diesen Menschen oder seine Lebens- und Verhaltensweise haben. Manche versteigen sich so weit, es als ihr Recht anzusehen, in die Gefühle und Gedanken des anderen einzugreifen. Jedoch: Du hast in einer Beziehung auf nichts einen Anspruch, außer darauf, geachtet zu werden.

Selbstverständlich können wir Wünsche an den anderen haben, aber keinen Anspruch, und daher auch keine Erwartungen. Jeder Anspruch, jede Erwartung heißt: *Ich will über dich Macht haben.*

Wie erkenne ich nun den Unterschied zwischen Wunsch und Erwartung? Wenn der andere Nein sagt und ich akzeptiere das und weiß, dass ich selbst für meine Gefühle, die dadurch entstehen, verantwortlich bin, dann war es ein Wunsch. Wenn der andere Nein sagt und ich will es nicht akzeptieren und glaube, dass der andere nun für meine Gefühle der Enttäuschung, des Ärgers, der Trauer oder Wut verantwortlich ist, dann war es ein Anspruch.

Am Beispiel von Margit und Bruno können wir sehen, wie erlösend die Aufhebung eines Anspruchs an den anderen wirkt. Nicht selten kann nun einer geben, was vorher nicht möglich war. Bei einer Anforderung kann ich nämlich nichts mehr schenken. Es wird ja gefordert, dass ich dies oder jenes tue, es wird erwartet, und wenn ich es gebe, erfülle ich die Erwartung und es ist selbstverständlich. Gibt es aber keine Forderung, kann ich es freiwillig geben, und ich finde mich wieder in der Rolle dessen, der etwas zu verschenken hat. Genau so, wie am Anfang der Beziehung, da wurde alles noch freiwillig gegeben und freiwillig genommen. Wir haben uns beschenkt, und das war das Schöne daran.

Nun noch einige Worte über das Besser-Sein als ein vorheriger Partner oder eine frühere Partnerin. Alles Vergleichen mit einer anderen Person im Sinne einer Einstufung von oben oder unten, besser oder schlechter, hat negative Folgen innerhalb einer Beziehung. Oft ist es der neue Partner selbst, der uns in diese Falle lockt, weil er noch enttäuscht, verletzt oder wütend auf die Frau oder den Mann vor ihm ist. Daraus wird ersichtlich, dass hier noch eine Bindung besteht und die Beziehung nicht wirklich aufgelöst worden ist. Vom Hass wissen wir, dass er sogar die stärkste Bindung ist, die es gibt, und zwei Menschen, die sich hassen, sind tief in ihrer Seele untrennbar miteinander verbunden.

Wenn nun unser Partner über die frühere Frau, den früheren Mann, abfällig spricht, tun wir gut daran, uns in diesen Sog nicht hineinziehen zu lassen. Wir können zuhören, ein stiller und aufmerksamer Zuhörer sein und so dem anderen das Gefühl vermitteln, nicht allein zu sein. Wir haben die große Chance zu erfahren, was im Inneren des anderen vor sich geht, von welchen Gefühlen und Gedanken er überflutet und gepeinigt wird und was wir unter Umständen in beistehender oder helfender Weise tun können.

Doch es muss uns klar sein: In Beziehungen ist nicht einer Opfer und einer Täter, wenn es auch oberflächlich gesehen so aussehen mag. Beide Teile sind, fifty-fifty, für alles Geschehen verantwortlich, weil jeder seinen Teil (die Hälfte), dazu beigetragen hat. Zuhören ist also in Ordnung, um den anderen verstehen zu lernen und ihm das Gefühl zu geben, dass er nicht allein ist. Doch gilt es, uns herauszuhalten, wenn Zustimmung zum Verurteilen oder Herabsetzen des früheren Partners von uns gefordert wird. Hier müssen wir uns verweigern. Dies gilt ganz besonders für die intimen Dinge eines Paares.

Was in eine Paarbeziehung gehört, geht andere niemals etwas an. Es darf nur denen gehören, die diese Beziehung eingegangen sind. Alles, was zur Paarbeziehung gehört, bleibt zwischen Mann und Frau das immerwährend Gemeinsame, das nur ihnen gehört. Es geht die eigenen Kinder nichts an, und es geht eventuell nachfolgende Partner nichts an.

Wenn einer aus seiner intimen Beziehung einem anderen etwas erzählt, ist das ein Vertrauensbruch mit schlimmen Folgen. Die nachfolgende Person mag sich zunächst vielleicht sogar geschmeichelt fühlen und sich zur Komplizin gegen den früheren Partner/die frühere Partnerin ernannt sehen. Das mag kurzfristig ein Gefühl der Gemeinsamkeit und Verbindung erzeugen. Aber wenn diese zweite Partnerschaft eine Weile bestehen bleibt und in die Jahre kommt, taucht unweigerlich ein nagendes Misstrauen auf: *Was erzählt mein Partner denn nun über mich? Vertraut er unser Gemeinsames jemandem anderen an?* Wenn Probleme da sind, und die wird es unweigerlich früher oder später geben, *schimpft er jetzt bei anderen über mich? Werde ich zum Allein-Schuldigen gemacht? Bin ich der Böse und er der Arme?*

Wenn der/die PartnerIn aus einer vorherigen Beziehung beim Nachfolgenden schlecht gemacht wird, dann hat diese folgende Partnerschaft keine Chance auf Langlebigkeit bzw. gutes Gedeihen. Sie wird irgendwann zerbrechen.

Wenn daher einer aus seiner intimen Beziehung mit einer anderen Person zu erzählen oder gar zu kritisieren beginnt, dann sind die richtigen Worte: „Bitte, erzähle mir das nicht. Es gehört zu euch. Ich will es nicht hören."

Versucht dein Vater oder deine Mutter dich zum Komplizen zu machen und dir „die Sorgen mit dem jeweils anderen vorzujammern", dann heißt es ebenso: „Liebe Mama, lieber Papa, erzähl mir das nicht. Ich will das nicht hören. Es geht mich nichts an. Ich bin deine Tochter, dein Sohn, und das ist eure Angelegenheit, nicht die meine."

Manchmal ist es der nachfolgende Partner, der keine Ruhe gibt und bohrt und bohrt, um nur ja alle Details aus dem früheren Leben zu erfahren. Widerstehe auch hier: bohre nicht, wühle nicht in der Vergangenheit des anderen, vielmehr achte alles als eine wichtige Erfahrung im Leben deines Partners, das zu dem beigetragen hat, was er heute ist, und das du ja liebst, sonst hättest du ihn wohl nicht genommen.

Widerstehe der Fragerei deines Partners, falls er es ist, der aus dir Dinge herauslocken will, die ihn nichts angehen. Sag es ihm/ihr auf die liebevollste Art und Weise und versichere, dass die jetzige Beziehung etwas ganz anderes, etwas Neues, etwas Einmaliges und mit nichts Vergleichbares ist. Du bist ein einmaliger, mit nichts vergleichbarer Mensch, und du bist niemals besser (oder schlechter), aber du bist anders. Auch dein Vorgänger war nicht besser oder schlechter. Aber rangmäßig stehst du nach dieser Person. Denn der Mensch, der vorher da war, hasst den vorderen Rang. Und das muss anerkannt werden. Wenn dazu noch das Bewusstsein kommt „ich bin nicht besser als du", dann kann die neue Beziehung gut weiter gehen.

Wesentlich ist, dass die Anerkennung und Achtung im Herzen gefühlt werden kann, eine rein intellektuelle Anerkennung wirkt nicht. Dass du nicht „besser bist als" schließt nicht aus, dass du für deine Frau/ deinen Mann die bessere Partnerin/Partner wirst, doch das muss sich weisen und man kann erst am Ende des gemeinsamen Lebens erkennen, wozu du es gebracht hast.

EXKURS ZUR RANGFOLGE-VERLETZUNG

Viele Völker bewohnen die Erde. Das Volk der Steine, das Volk der Pflanzen, das Volk der Tiere und das Volk der Menschen. Steine, Pflanzen und Tiere waren vor uns Menschen da und haben daher den vorderen Rang. Dies gilt es zu achten und anzuerkennen. Wir sind nicht höher stehend oder besser als das übrige Leben, wir sind ein Teil davon. Der Strom des Lebens fließt vom Früher zum Später, und nur wenn wir dies anerkennen, kann es auch mit der Entwicklung des Menschen gut weitergehen.

Viele Menschen unserer Zeit können dies aufgrund der Wirkung des karthesianischen Denkens auf unsere Kultur- und Gesellschaftsform noch nicht (oder nicht mehr) erkennen und akzeptieren. Ich bin mir sicher, dass im Laufe von wenigen Jahrzehnten hier eine Veränderung des Denkens eintreten wird.

Genau so, wie wir von unseren Eltern nehmen und sie dafür achten, nehmen wir von den Tieren, den Pflanzen und den Mineralien, wir nehmen und danken und ehren den Geber. Wir nehmen, was sie geben, aber wir rauben es nicht. Dann sind wir in der Ordnung.

Das ist etwas ganz anderes als das, was wir in unserer so genannten „modernen und aufgeschlossenen" Kultur tun. Unsere Gesellschaft quält, schindet, tötet, erniedrigt und beutet rücksichtslos aus, in einer grenzenlosen Überheblichkeit und mit nicht mehr zu überbietendem Machtanspruch gegenüber dieser Erde.

Viele fühlende und wissende Menschen haben sich mahnend, bittend, appellierend zu Wort gemeldet und versucht, diese Gesellschaft aufzurütteln. Als meine Aufgabe sehe ich es, darauf hinzuweisen, dass es Gleichgewicht und Harmonie für den Einzelnen, für die Gruppe, für die Sippe, für ein Volk, für die Menschheit nur geben kann, wenn alle Lebewesen, die gesamte Natur, darin einbezogen werden, und wenn dieselben Ordnungen, die für die Beziehungen unter Menschen gelten, auch für die Beziehungen zu allen anderen Lebewesen eingehalten werden.

Ich möchte dieses Kapitel der Verletzungen der Rangordnung mit einigen Zitaten der Aussagen von Menschen schließen, denen wir weder ihre Größe noch ihre prüfende Wissenschaftlichkeit absprechen können.

> „Ich ziehe die Gesellschaft der Tiere der menschlichen vor. Gewiss, ein wildes Tier ist grausam. Aber die Gemeinheit ist das Vorrecht des zivilisierten Menschen."
> *Sigmund Freud*

„Die Größe und den moralischen Fortschritt einer Nation kann man daran messen, wie sie die Tiere behandelt."

Mahatma Gandhi

„Grausamkeit gegen Tiere kann weder bei wahrer Bildung noch wahrer Gelehrsamkeit bestehen. Sie ist eines der kennzeichnendsten Laster eines niederen und unedlen Volkes."

Alexander von Humboldt

„Wenn der Mensch den Tiger umbringen will, nennt man das Sport. Wenn der Tiger den Menschen umbringen will, nennt man das Bestialität."

George Bernard Shaw

„Die Grausamkeit gegen die Tiere und auch schon die Teilnahmslosigkeit gegenüber ihren Leiden ist meiner Ansicht nach eine der schwersten Sünden des Menschengeschlechtes. Sie ist die Grundlage der menschlichen Verderbtheit. Wenn der Mensch so viel Leiden schafft, welches Recht hat er dann, sich zu beklagen, wenn auch er selbst leidet?"

Romain Rolland

„Alles, was der Mensch den Tieren antut, kommt auf den Menschen wieder zurück."

Pythagoras

Anlässlich der BSE-Krise und unserer Angst vor Krankheit wäre dies ein guter Zeitpunkt darüber nachzudenken, was wir den Rindern antun. (Die Kuh gibt als Lebensspenderin ihre Milch für einen großen Teil der Menschheit. Sie ist das Muttertier schlechthin und repräsentiert unsere Mutter Erde.)

GESUNDHEIT bedeutet, mit seinen Mitmenschen und allen anderen Lebewesen der Erde in Harmonie und Frieden zu leben und ein ebenso gesundes geistiges wie physisches Leben zu führen.

4.4 ANERKENNEN, WAS IST
– DER AUSSCHLUSS DER DAZUGEHÖRIGEN

Wir neigen dazu, die uns Unliebsamen ausschließen zu wollen. Was uns nicht genehm ist, soll nicht da sein, oder zumindest nur am Rande. Wenn wir so handeln, verstoßen wir gegen das Gesetz der Ebenbürtigkeit, das sagt: Jeder in deinem System (deiner Sippe) gehört gleichermaßen dazu. Dies gilt für die Lebenden und die Toten. Keiner darf vergessen werden, keiner ist entbehrlich.

Ausschlüsse geschehen aus Unwissenheit oder Gleichgültigkeit, die meisten Menschen aber tun dies aus Schmerz, Wut und Angst. Schmerz darüber, dass ein Elternteil, ein Geschwister, ein früherer Partner einem etwas angetan hat, was auch immer dies gewesen sein mag. Wut darüber, dass ein anderer mehr bekommen hat als ich oder Angst, dass ein anderer mehr bekommen könnte, wobei auch hier oft ein Schmerz dahinter steckt, nämlich der, weniger wert zu sein als ein anderer. Angst auch davor, dass die Folgen von Taten eines anderen Menschen auf mich zurückfallen. Hierfür einige Beispiele: Eine Tochter wird Prostituierte, und nun distanziert sich die Mutter. Sie schämt sich ihrer Tochter, weil sie sich schuldig fühlt und Angst davor hat, nun mit dieser Schuld vor ihrer Umwelt dazustehen. Oder: Ein Sohn wird kriminell, der Vater will von ihm nichts mehr wissen. Er schämt sich seines Sohnes, weil er Angst davor hat, die anderen könnten meinen, er habe als Erzieher versagt oder er wäre selbst „ein schlechter Mensch". Oder: Ein Onkel gehört einer fragwürdigen politischen Richtung an, der Neffe hat Angst, dies könnte seiner Karriere schaden.

Desgleichen erleben wir auch Schmerz, Wut und Angst den ausgeschlossenen, verdrängten, vergessenen Toten gegenüber. Um diese Gefühle nicht spüren zu müssen, machen wir dicht, grenzen ab und aus und glauben, wir kämen so heil davon. Gerade das Gegenteil geschieht.

Den Toten gegenüber haben wir unsere eigene Geschichte, die uns belasten kann: mit dem Schmerz des Verlustes und der Wut darüber, vom Verstorbenen allein gelassen zu werden, im Sinne von „du gehst einfach weg und lässt mich zurück mit diesem Leben, mit dem ich jetzt nicht mehr fertig werde"; mit den Schuldgefühlen, zu Lebzeiten zu wenig oder das Falsche für diesen Menschen getan zu haben; mit der Trauer über Versäumnisse und der Wut oder Resignation, es nun nicht mehr besser machen zu können.

Doch über die Defizite unserer eigenen Geschichte mit diesem Verstorbenen hinaus erleben viele von uns noch eine andere Angst: die Angst vor dem Tod, dem Sterben, dem Unheimlichen. Und gerade weil der Tod an sich als etwas so Unheimliches empfunden wird, wird der Tote aus der eigenen Mitte verbannt. Dieses Verhalten hat mit unserer Gesellschaft zu tun, die verlernt hat, sich dem Tod zu stellen. In unserer Kultur wollen wir vor dem Tod davonlaufen und ihn bekämpfen. Ewig jung bleiben ist unser Traum, den Tod so lange wie möglich hinauszuschieben ist reales Verhalten. Im institutionalisierten Gesundheitswesen tritt der Tod als der Feind auf, den es zu besiegen gilt. Stirbt der Mensch, so wird der „Kampf" als verloren angesehen. Solcherlei Denken führt zu einer tiefen Angst, die nun ihrerseits wieder verdrängt werden muss.

Die Lösung liegt in der Auseinandersetzung mit dem Prozess des Sterbens auf allen Ebenen: Auseinandersetzung mit dem Tod der Familienmitglieder und Beschäftigung mit dem eigenen Tod. Dies führt zwangsläufig zu Sinnfragen: Warum lebe ich? Welchen Sinn hat mein Leben? Warum überhaupt Leben und Sterben in ewiger Aufeinanderfolge? Wer diesen Weg der Auseinandersetzung im Angesicht des Verlustes eines Menschen durch den Tod geht, wird auf die tiefe Erkenntnis stoßen, dass dieser Tod eine kostbare Gelegenheit für die eigene Seelenentwicklung war und womöglich Platz macht für eine geheimnisvolle Dankbarkeit. Die Zeit, in der wir leiden, ist oft die Zeit, in der wir besonders offen sind. Und da, wo wir am verletzlichsten sind, liegt vielleicht auch unsere wahre Stärke.[18]

Eine besondere Dynamik kann durch den Selbstmord eines Menschen entstehen. Die Angehörigen können diesen Tod als einen Vorwurf an ihre eigene Person erleben, eine Tat, die sie als gegen sich gerichtet empfinden. Die Schuldgefühle der Familienmitglieder sind dementsprechend stärker als bei „normalen" Todesfällen, und die Wut auf den Selbstmörder kann sehr heftig sein. „Wie kann er uns das nur antun?" Die Hinterbliebenen erleben es als eine Art Beleidigung, die der Tote ihnen angeblich zugefügt hat.

Wenn ein Mensch Selbstmord begeht, hat sein Bewusstsein keine Wahl, als einem unbewussten Drang zu folgen. Dieser unbewusste Drang wird von Hellinger als Sog bezeichnet, der aus Verstrickungen im System entstanden ist.

---

18) Literatur zur Beschäftigung mit dem Tod: Rinpoche Sogyal: Das Tibetische Buch vom Leben und vom Sterben, Kübler-Ross, Elisabeth: Leben bis wir Abschied nehmen, Ring, Kenneth: Den Tod erfahren – das Leben gewinnen.

(1) „*Ich folge dir nach*" aus Liebe
(2) „*Lieber gehe ich als du*" aus Liebe
(3) „*Ich folge dir nach*" aus einem Bedürfnis nach Sühne für Schuld.

Bei der ersten Verstrickung wirkt die Dynamik, dass ein Elternteil oder Geschwister oder ein für das Kind wichtiger Großelternteil früh verstorben ist und im Kind die Tendenz „ich will dir nach" entstanden ist. Das Kind fühlt sich so, und es ist ein Kindersatz, der da entsteht. Gleichwohl ist er da, liegt verborgen im Menschen und wirkt weiter im Erwachsenenleben. Die nachfolgenden Kinder „wissen" es, kraft ihrer Seele, dass Mama oder Papa diesen Sog in sich tragen und nehmen diese Tendenz, wiederum aus Liebe zu ihren Eltern, auf sich: „*Lieber gehe ich als du*" sagt es in ihrem Inneren und wird als ein unbewusster Auftrag mit ins Erwachsenenleben genommen.

Bei der Dynamik „*Ich folge dir nach aus Sühne*" fand im Familiensystem eine massive Rangverletzung statt, sodass ein Nachfolgender dafür Buße tun will in der archaischen Haltung des Ausgleichs. Macht ein Selbstmord-Gefährdeter eine Familienaufstellung, kann dieser Sog erkannt und behoben werden.

FALLBEISPIEL: HANS, 50 Jahre
„Ich kann mich nicht von meiner Mutter lösen."

TH: *Hans, was ist dein Anliegen, um was geht es dir?*
HANS: *Ich bin das mittlere Kind mit einem älteren Bruder und einer jüngeren Schwester. Als ich 17 Jahre war, starb mein Vater an einer Leberzirrhose. Obwohl wir im relativen Wohlstand aufwuchsen, hinterließ er viele Schulden, für die meine Mutter aufkommen musste. Ich lebte bis zu meinem 33. Lebensjahr bei ihr*

im gemeinsamen Haushalt und bin bis heute noch nicht losgelöst. Ich hatte eine 5-jährige Beziehung mit einer Frau, die von dieser dann abrupt wegen eines anderen Mannes gelöst wurde. Der Verlust stürzte mich in eine schwere Krise, die ich bis heute noch nicht wirklich verarbeitet habe, obwohl ich wieder in einer Beziehung lebe. Dies wohl mehr aus Angst vor dem Alleinsein. Außerdem glaube ich, dass meine Mutter mir diese Beziehung neidet. Ich leide an Schlaflosigkeit, zeitweise an Depressionen und Herzrasen. Ängste und Traurigkeit begleiten mich, solange ich zurückdenken kann.

TH: *Okay, stelle deine Familie auf.*

BILD 1

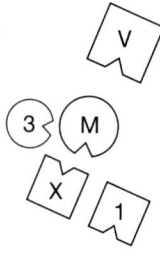

V = Vater   1 = Bruder   X = Stellvertreter von Hans
M = Mutter   3 = Schwester

V: *Die da vorne saugen mich aus.*
1: *Ich spüre, dass es dem Vater schlecht geht. Ich habe das Gefühl, ich bin sehr groß, meine Mutter und meine Geschwister sind schwach.*
3: *Es ist so gut da bei der Mutter.*
X: *Ich möchte noch näher zur Mutter hin.*
M: *Mir ist das viel zu eng, ich habe einen starken Druck auf der Brust.*

TH (zu Hans): *Was ist in der Familie deiner Mutter passiert?*

HANS: *Meine Mutter ist bei Pflegeeltern aufgewachsen. Ihr Vater ist bei der Arbeit auf dem Feld, beim Pflügen, plötzlich an einem Hitzschlag verstorben, worauf sich ihre Mutter, also meine Oma, das Leben genommen hat. Meine Mutter hatte damals noch eine 4 Jahre ältere Schwester, die ist gestorben, als Mutter 14 Jahre war.*
TH: *Wie alt waren die Großeltern bei ihrem Tod?*
HANS: *28 Jahre, beide, und meine Mutter war 2 und die Schwester 6 Jahre. Meine Mutter hat aber nicht gut über ihre Mutter gesprochen. Sie ist als labil und nervenschwach hingestellt worden. Man hat nichts von ihr gehalten.*
TH (zu Hans): *Suche dir jetzt jemanden aus als Stellvertreter für deine Oma, deinen Opa und deine Tante.*

Die TH stellt die Stellvertreter zur Familie dazu.

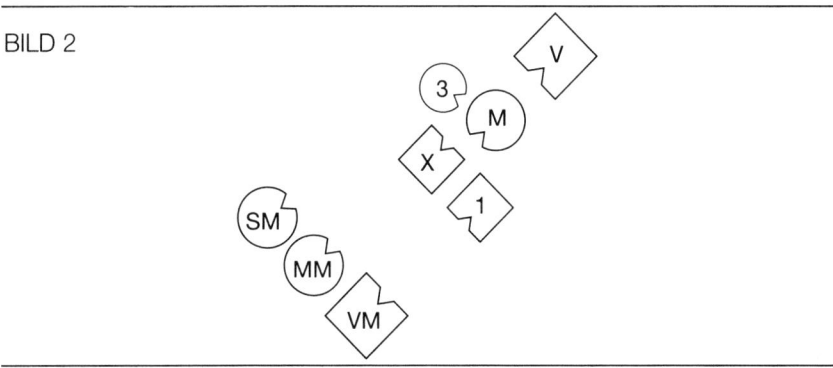

BILD 2

SM = Schwester der Mutter, Tante
MM = Mutter der Mutter, Oma
VM = Vater der Mutter, Opa

Sofort entsteht helle Aufmerksamkeit in der ganzen Gruppe.
M: *Ich möchte da hinaus* (zeigt auf den engen Platz vor ihr) *und vorne hin.*

157

MM: *Sie* (meint ihre Tochter) *soll da herkommen, sie gehört zu uns.*
VM: *Sie* (meint seine Tochter) *ist zu weit weg.*
SM: *Da ist eine starke Verbindung zu meiner Schwester hin.*
M: *Ich will dort* (zeigt auf ihre Schwester) *hin.*
TH (zur Mutter): *Geh jetzt langsam zu deiner Mutter und Schwester hin.*

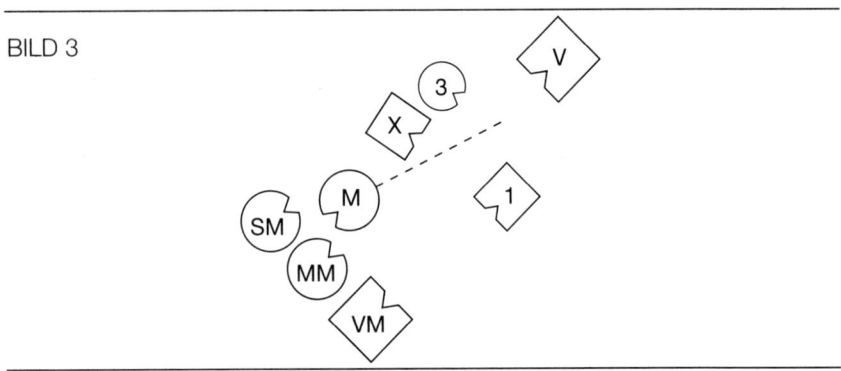

BILD 3

Die Mutter bleibt zunächst vor ihrer Schwester stehen und schaut sie an, die beiden fallen sich dann in die Arme, halten und streicheln sich, weinen ...

TH (zur Gruppe): *Die beiden lieben sich.*
Mutter und Tante nicken: *Ja, das Gefühl ist unwahrscheinlich, so stark, so viel Liebe ...*
TH (zur jüngsten Schwester): *Wie geht es dir jetzt?*
3: *Wie ich gehört habe, die Mutter soll da weggehen, habe ich gedacht, das überlebe ich nicht. Und wie sie dann wirklich gegangen ist, ist es plötzlich ganz leicht geworden, und es geht mir gut jetzt.*
V: *Eine Erlösung, ich kann jetzt gut da stehen.*
X: *Dieses Bild da vorne* (Großeltern mit ihren Töchtern) *finde ich sehr schön. Irgendwie passt das besser als vorher, es ist viel leichter geworden.*

Die TH tauscht nun den Stellvertreter mit Hans aus: *So, jetzt schau
zu, was da passiert.*

TH (zu M): *Stelle dich zwischen deine Mutter und deine Schwester, sodass du an jeder Seite jemanden spürst.*

BILD 4

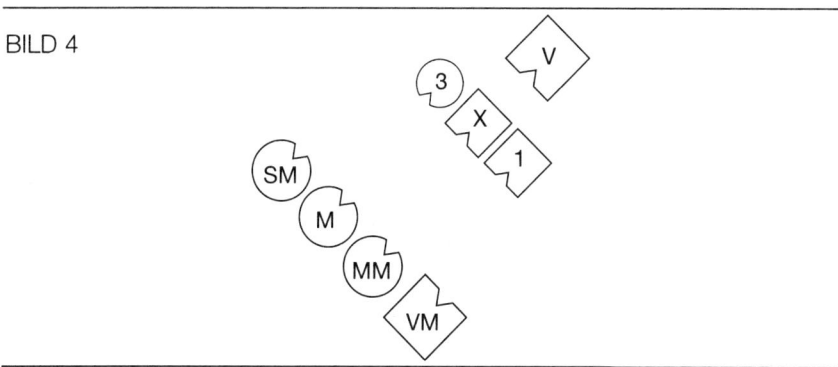

Die Mutter strahlt mit ihren verweinten Augen zu ihren Kindern
und ihrem Mann hin.

TH (zu Hans): *Hier ist die Mutter glücklich.*

Hans nickt, kämpft aber mit den Tränen.

TH (nach einer Weile, zur M): *Dreh dich jetzt wieder um und schau
deine Mutter an, schau ihr in die Augen ... und jetzt sag zu ihr: Meine liebe Mama, ich bin jetzt zu dir gekommen. Du hast mir so gefehlt.*
M: *Meine liebe Mama ... Ich bin jetzt zu dir gekommen ... Du hast
mir so gefehlt.*
TH: *Du hast mir das Leben gegeben, und dafür danke ich dir.*
M: *Du hast mir das Leben gegeben, und dafür danke ich dir.*
TH: *Ich achte deine Entscheidung. Ich achte dein Leben und deinen Tod, und ich achte es auch, wie du es gemacht hast.*

M: *Ich achte deine Entscheidung. Ich achte dein Leben und deinen Tod, und ich achte es auch, wie du es gemacht hast.*

Die Mutter verbeugt sich dann in tiefer Achtung vor ihrer Mutter, sie geht ganz hinunter bis auf die Knie und bleibt eine Weile in dieser Haltung.

TH (zur Mutter): *Jetzt geh wieder zu deiner Schwester ... Schau sie ganz lieb und offen an ... und sag ihr: Meine liebe Schwester, du bist jetzt tot, ich lebe mein Leben noch zu Ende, dann sterbe ich auch.*
M: *Meine liebe Schwester ... Du bist jetzt tot ... Ich lebe mein Leben noch zu Ende, dann sterbe ich auch.*
TH (zur Schwester der Mutter): *Wie geht es dir?*
SM: *Sehr gut, ich weiß, ich bleibe in Liebe mit ihr verbunden.*
TH (zur Mutter): *Was ist bei dir?*
M: *Ich bin jetzt ruhig und zufrieden. Jetzt möchte ich mich eigentlich wieder umdrehen und meine Kinder sehen.*
TH: *Genau, jetzt kannst du dich wieder dem Leben zuwenden. Geh jetzt ein paar Schritte nach vorne ... und Hans, du komm bitte auch ein paar Schritte näher.*

BILD 5

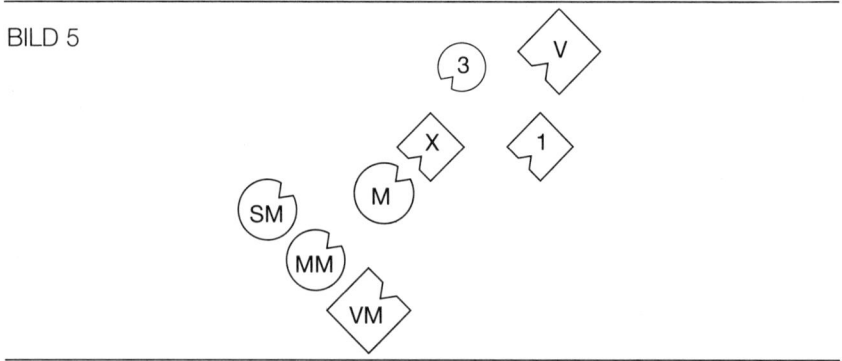

TH (zu Hans): *Sag jetzt zu deiner Mutter: Liebe Mama, ich lass dich ziehen ...*

HANS (weinend): *Liebe Mama, ich lass dich ziehen.*

TH: *Atme tief durch, damit du eine kräftige Stimme bekommst, und dann sag: Du brauchst dir keine Sorgen mehr um mich zu machen.*

HANS: *Du brauchst dir keine Sorgen mehr um mich zu machen.*

TH: *Ich habe so viel von dir bekommen ... Das reicht.*

HANS: *Ich habe so viel von dir bekommen ... Das reicht.*

TH: *Ich achte es und ehre es und es wird mich begleiten ...*

HANS: (seine Haltung ist aufrechter geworden, die Schultern gerade): *Ich achte es und ehre es und es wird mich begleiten ...*

TH: *Ich mache mir ein gutes Leben daraus.*

HANS: (jetzt lachend) *Ich mache mir ein gutes Leben daraus.*

TH: *Liebe Mama, auch wenn du gehst, ich bleibe.*

HANS: *Liebe Mama, auch wenn du gehst, ich bleibe.*

Hans schnauft tief durch.

TH: *Wiederhole diesen Satz noch einmal.*

HANS: *Liebe Mama, auch wenn du gehst, ich bleibe ...*

BILD 6

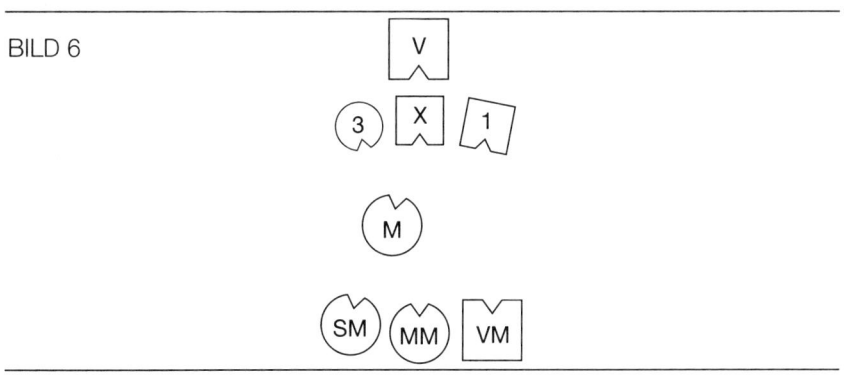

TH: *Schau sie alle an ... deine Großeltern, die du nicht kennen lernen konntest ... deine Tante ... bis du es fühlen kannst: Ihr gehört dazu, ich trage euch alle in meinem Herzen.*

Die Mutter von Hans hatte den Sog, ihrer Schwester nachzufolgen, die für sie, nach dem plötzlichen Tod beider Eltern, die wichtigste Bezugsperson war. Die Schwester hat ja auch diesen Vollzug gemacht, sie ist den Eltern nachgegangen: *„Ich folge dir nach."* Statt der Mutter ist aber der Vater gegangen, seine Seele wusste von dem Sog, das war die Dynamik *„Lieber gehe ich als du"*. Dahinter steckt eine Vorstellung von Ausgleich: „Wenn ich gehe, brauchst du nicht mehr zu gehen, dann kannst du bleiben, dann kannst du bei unseren Kindern bleiben. Du bist für unsere Kinder wichtiger als ich."

Man konnte das sehr gut in der Aufstellung sehen. Als die Frau noch da war, sagte der Vater: *„Die da vorne saugen mich aus."* Seine Energie floss zur Gänze zur Frau hin. Nachdem die Mutter zu den Toten ihrer Familie gestellt worden war, atmete er auf (Bild 3), *Eine Erlösung, ich kann jetzt gut stehen.* Die Kinder hatten die Mutter umstellt, sodass sie nicht gehen konnte. Das Unbewusste der Kinder wusste vom Sog der Mutter. Hans wollte durch seine Bindung (er war in der Aufstellung derjenige, der direkt vor der Mutter, ihr also im Wege stand) und Abhängigkeit von der Mutter ihr Weggehen verhindern. Es war nicht die Mutter, die ihn nicht ziehen ließ oder ihm seine Partnerinnen neidete. Es war Hans, der (unbewusst) alles tat, um sich nur ja nicht zu weit von der Mutter zu entfernen. Der Sohn hat die Mutter nicht losgelassen, aus Angst, sie würde gehen (sterben).

Durch die Anerkennung dessen, was ist, kommt das System wieder ins Gleichgewicht. Wenn die Person erkannt ist, nach der sich die Todessehnsucht ausrichtet, und wenn sie ins Bild gebracht wird, kann die Liebe dorthin wieder gefühlt und eine Auflösung in Liebe vollzogen werden. Man kann zu diesem geliebten Menschen sagen: *Liebe(r) ... Du bist tot, ich lebe noch ein bisschen und erfülle, was mir geschenkt ist, solange es dauert. Dann sterbe ich auch."* Die Dynamik *„Ich folge dir nach"* ist dann aufgehoben.

Der gute Ausgleich gelingt in der Liebe. Sie macht die Anerkennung möglich, ob es sich dabei um Menschen, Handlungen oder Situationen handelt. Wenn wir verurteilen oder urteilen, ist es unmöglich zu lieben. Wir sind dann nicht offen und unfähig zu nehmen, anzunehmen. Das hat auch sehr viel mit der Fähigkeit des Lernens zu tun. Es ist nämlich auch nicht möglich zu lernen, wenn wir urteilen. Erst wenn wir uns vom Urteilen freimachen, sind wir offen für Neues und zu Lernendes.

Zum guten Ausgleich gehört auch das Verzeihen. Mit Recht weist Hellinger darauf hin, dass es auch ein schlechtes Verzeihen gibt. Dies ist dann der Fall, wenn der andere für seine Taten gedemütigt wird, nach dem Motto: Erst musst du zu Kreuze kriechen, ich will dich ganz unten und im Dreck sehen, dann bin ich gnädig und lasse mich wieder herab, zu dir freundlich zu sein. Ein solch schlechtes Verzeihen führt zu keinem guten Ende. Irgendwann hat der Gedemütigte Oberwasser, und ich bekomme es wieder zurück, wahrscheinlich auch wieder etwas mehr als ich ausgeteilt habe. So schaukelt sich das Zurückgeben auf, bis jedwede Lösung unmöglich wird. Beim echten Verzeihen gehe ich nicht bis an die Grenze (ich erkenne, dass es mein verletztes Ego ist, das nach Rache schreit), sondern lasse dem Schuldigen die Würde.

5.

WENN DIE LIEBE WIEDER
FLIESSEN KANN

5.1 GEFÜHLE

Alle Menschen haben Gefühle. Die noch immer weitverbreitete Vorstellung, Männer hätten keine oder weniger Gefühle als Frauen, zeugt von krasser Fehleinschätzung. Aber sicher ist, dass Männer meist anders damit umgehen. Entwicklungspsychologisch gesehen „denken" wir bis zum 3. oder 4. Lebensjahr mit unserem Körper. Ein Mensch, der sein „Körperdenken" nicht ausleben darf, wird seine späteren Möglichkeiten im Leben nicht ausschöpfen können. Bis zum 7. oder 8. Lebensjahr „denken" wir „in Gefühlen". Können wir diese Gefühle nicht ausleben, bleiben wir in unserem natürlichen Entwicklungsprozess stecken. Genau das passiert in unserer Kultur. Kurz und prägnant formuliert kann man sagen, wir haben uns zwar physisch vom Embryo zum erwachsenen Menschen entwickelt, und wir haben auch unseren Intellekt, jenen Teil des „Verstandes", der in der linken Gehirnhälfte angesiedelt ist, vorangetrieben, emotional jedoch sind die meisten von uns stecken geblieben. Wir stecken in der Emotionalität eines 7- bis 8-jährigen Kindes, wir sind gefühlsmäßig noch nicht erwachsen.

Der Psychologe Jean Piaget war einer der ersten, der erkannte, dass auch die psychische Entwicklung des Kindes einem Muster folgt und genauso wie körperliche Reifung in Schritten vor sich geht und jeder weitere Schritt auf dem jeweils vorherigen aufbaut. Die Teilung des Gehirns in die linke (Ratio) und rechte (Gefühle und Intuition) Gehirnhälfte erfolgt erst ab dem 7. Lebensjahr. Der Balken, das Corpus callosum, eine quer verlaufende Faserverbindung, „trennt" nun das Wissen beider Hälften voneinander und erschwert auch den jeweiligen Wechsel in den anderen Bereich. Dies müsste nicht sein, wenn das Kind bis dahin möglichst ungehindert Wissen in seinem Gehirn aufbauen konnte, Wissen, das es über das Körperdenken und das Gefühlsdenken bekommen kann. Das heißt, dem Kleinkind alle Möglichkeiten zu geben, seine Umwelt zu ertasten, zu erschmecken, zu riechen, hören und sehen zu können. Je intensiver dies geschieht, desto sicherer wird das Kind. Je mehr es davon abgehalten wird, desto stärker wachsen in ihm Angst, Unsicherheit und Lernunwilligkeit. Vor allem muss der kleine Mensch die Natur erkunden, denn – wir sind ein Teil von ihr.

Die Realität ist anders. Untersuchungen beweisen, dass 80 Prozent der Botschaften, die Kleinkinder von den sie umgebenden Erwachsenen erhalten, einschränkender Natur sind. „Tu das nicht", „Lass das sein", „Fass das nicht an", „Sei still", „Lass das liegen", „Bleib sitzen" und so weiter. Allein dieser Tatbestand erklärt schon, warum das Potenzial der Ängste in uns Menschen so groß ist. Die Anthropologin Margaret Mead berichtet, dass sie ihr überragendes Gedächtnis dem Umstand verdankt, dass ihre Mutter sie immer wieder dazu ermunterte, ihre Sinne zu gebrauchen: Riechen – Hören – Tasten – Sehen – Schmecken ...

Diese Erfahrung der Sinne ist Voraussetzung für den nächsten Schritt, den Einstieg in die Welt der Gefühle. Da glauben wir jedoch, den Kindern beibringen zu müssen, dass es „gute" und „schlechte" Gefühle gebe. Die Guten dürfen sein, die Schlechten sollen verschwinden. Dazu zählen wir vor allem Wut, Zorn und Ärger. Das Kind ist in einer solchen Situation nun vollkommen hilflos. Es weiß um die Anforderungen der Erwachsenen, etwa die Wut nicht haben zu dürfen, gleichzeitig spürt es dieses Gefühl aber in sich. Es erlebt sich als „ungehorsam", obwohl es doch nur sich selbst spürt. Nun kommt es zu einem innerlichen Bruch. Konfrontiert mit der Wucht der eigenen Gefühle und der Ablehnung der es umgebenden Menschen entwickelt es Abscheu vor sich selbst. Es entstehen

Angst- und Schuldgefühle. So haben wir gelernt, alles das, „was nicht genehm ist" zu unterdrücken, manchmal auch, es vollständig aus unserem Bewusstsein zu verdrängen. Das nicht gewollte Gefühl ist deshalb nicht verschwunden, es ist nur versteckt und lagert sich in unserem Körper, vorwiegend in den inneren Organen, ab. Wir nennen das Verdrängte in der Sprache der Psychologie den „Schatten". Der Schatten enthält alle nicht akzeptierten Gefühle, Gedanken und instinktiven Impulse.

„Was hätten die Eltern denn stattdessen tun sollen?", fragen manchmal die Erwachsenen. „Man kann doch den Kindern nicht alles durchgehen lassen?" Nein, mit Sicherheit nicht. Kinder brauchen Hilfe bei ihrer Entwicklung, diesem Zweck sollte Erziehung folgen. Dabei wäre es notwendig, ihnen vorzuleben, wie man mit Gefühlen konstruktiv umgehen kann. Wenn die Erwachsenen ihnen zeigen, dass sie selbst auch manchmal aufwühlende Gefühle haben und damit gelassen und konfliktlösend umgehen können, wird das Kind es durch Nachmachen lernen. Wenn sie aber selbst verdrängen so lange es geht, um dann, wenn sie sich nicht mehr „beherrschen" können, das Kind anzuschreien: *Hör auf zu schreien,* so machen sie ihm vor, was sie eigentlich abstellen wollen. So kann es nicht funktionieren.

Jedes Gefühl ist Energie, hat eine Funktion und macht Sinn. Gefühle sind Antrieb, Lebensenergie und psychische Kraft. Ein verletzter oder stets gehemmter Antrieb lässt uns immer ängstlicher, unsicherer, verschlossener werden und gibt uns schließlich das Gefühl der Wertlosigkeit. Wären wir in unserer psychischen Entwicklung nicht unterbrochen worden, hätte sich alles „Wissen" ungehindert in unserem Gehirn aufbauen können. Das Körperwissen hätte dann Platz in den alten Teilen des Gehirns; das intuitive Wissen der Gefühle und von den Zusammenhängen wäre, einfach ausgedrückt, in der rechten Gehirnhälfte zu Hause, und jetzt könnte das abstrakte Denken auf diesen beiden Fundamenten aufbauen und sich links ansiedeln.

Wir brauchen unsere Logik und die Ratio hat ihre Qualität, jedoch nur unter Einbezug der anderen „Wissensbestände". Neueste Ergebnisse der Gehirnforschung zeigen, dass „die linke Gehirnhälfte des Menschen dazu neigt, verbal ausgedrückte Geschichten zu produzieren, die nicht notwendigerweise mit der Wahrheit übereinstimmen".[19]

„Die linke Gehirnhälfte versucht durch geschickte Geschichten sich selbst und das Ich davon zu überzeugen, dass es alles unter Kontrolle hat. Dieser Teil des Gehirns versucht einfach, unsere persönliche Lebensgeschichte auf einen Nenner zu bringen – dazu müssen wir uns selbst belügen."[20] Diese Erkenntnisse haben weitreichende Folgen. Sie zeigen, dass unser „rationaler Verstand" unverlässlich ist und wir uns nicht ausschließlich auf ihn alleine verlassen sollten. Durch die Unterbrechung unserer psychischen Entwicklung kommen wir daher oft in Situationen, wo wir uns in unseren Gefühlen nicht auskennen, uns den Gefühlen ausgeliefert erleben oder gar im Kampf mit den Gefühlen stehen, weil sie dem zuwiderlaufen, was wir mit unserer linken Gehirnhälfte wollen, ausdenken und planen. Kein Wunder, haben wir doch als Kind nicht gelernt, mit unseren Gefühlen umzugehen. Wir haben lediglich gelernt, Unliebsamkeiten zu unterdrücken und anderen Rollen vorzuspielen. So wirken nicht erkannte und verdrängte Gefühle in unseren Paarbeziehungen und verhindern dort eine gute Entwicklung.

Beispiele:
Einer trägt ein Rachegefühl in sich, ohne es zu wissen. Dieses Rachegefühl kann aus einer früheren Beziehung oder aus der Kindheit stammen. Er erkennt es nicht und steht nicht dazu. Nun bringt er seinen Partner so weit, dass dieser ihn zum Leiden bringt. Er will

---

19) Demasio, Antonio, Leiter der Abteilung für Neurologie, Universität Iowa, in: The mind's Past, 3/2000

20) Gazzaniga, Michael, Direktor des Programms für Kognitive Neurologie im Dartmouth College, in: The mind's Past, 3/2000

ja (unbewusst) den Schmerz haben, denn jetzt hat er ein Recht darauf, auf den anderen loszugehen, ihn fertig zu machen. Jetzt kann diese verdrängte Rache gelebt werden.

Oder: Das Kofferpack-Syndrom
Ich verhalte mich so, dass sich der andere so verhalten muss, dass ich mich endlich so verhalten darf, wie ich schon lange will. Am Anfang einer Beziehung wird in der Regel immer eine Information darüber gegeben, was der andere unter keinen Umständen tun darf. „Wenn du das tust ... dann ist es für mich aus." Nun will einer aus der Beziehung gehen und getraut sich nicht. Er provoziert dann den anderen (unbewusst) so lange, bis das geschieht, was unter gar keinen Umständen sein darf. Jetzt fühlt er sich frei und kann gehen.

Oder:
Einer verdrängt seine Schuldgefühle und steigert sich in ein grandioses Selbstgefühl hinein – der andere Teil versinkt dann kompensatorisch in Selbstzweifeln und Depressionen. Ist etwa der Mann der manisch Überhebliche, hält er die Frau in ihrer Depression fest, damit sie stellvertretend für ihn ausdrückt, was er bei sich nicht sehen will (natürlich auch in umgekehrten Rollen).

Vielleicht merken wir eines Tages, dass wir dies alles als Ballast mit uns herum tragen. Viele wissen nicht, wie sie die Kraft des Gefühls in eine konstruktive Handlung umsetzen können. Wenn wir beginnen, aus unserer Persönlichkeit eine Einheit zu machen, konfrontieren wir uns mit unserem „Schatten". Wir reifen, wenn wir diese Gefühle und Gedanken mit in unser Selbstbild aufnehmen. Die Integration kann erst stattfinden, wenn wir das zulassen. Dies wird am Anfang schmerzlich sein, unsere verdrängten Teile werden uns als abstoßend und inakzeptabel erscheinen. Die negative Projektion schafft den Sündenbock-Mechanismus, der vom Selbsthass ablenken soll. Wer nach dem Schlechten fahndet (und eventuell auch einen dementsprechenden Beruf ausübt) und das Schlechte durch Strafen ausrotten will, hat Grund, es in sich selber aufzuspüren und sich damit auseinander zu setzen. Ohne diese innere Verarbeitung wird er um sich herum gerade die Destruktivität fördern, die ihm zu eliminieren vorschwebt.

Der erste Schritt ist das Bekenntnis zu unserer Schattenseite. Wir lassen das Problem nicht länger im Unbewussten und verleugnen es nicht mehr. Erkennen kann ich meinen Schatten an den Projektionen (siehe auch Kapitel 3.4.), die ich mache. Ich erkenne ihn an der Charakterisierung der anderen Menschen. Denn wie ein Filmprojektor, der ein Bild auf eine Leinwand wirft, haben wir uns Menschen ausgesucht, auf die wir unsere inneren Bilder projizieren können. Das, was mich am anderen Menschen stört, was mich ärgert, aufregt und was ich vehement ablehne, das ist meine eigene verdrängte Eigenschaft. Aber auch das, was ich am anderen bewundere, ist meine eigene nicht gelebte und nicht entwickelte Fähigkeit. Habe ich die Erkenntnis gewonnen und zugelassen, das heißt, aufgehört, mich selbst anzulügen und mir etwas vorzuschwindeln, dann ist der nächste Schritt angesagt: die Spannung, in die ich dadurch komme, aushalten lernen. Dann tritt Veränderung ein, und durch diesen spürbaren Wandel weitet sich unser Bewusstsein. Wir spüren, dass wir besser und schneller lernen können und unsere Ängste und Blockaden immer mehr verschwinden.

Ein ganz wesentlicher Punkt ist natürlich, dass wir uns keine neuen Blockaden schaffen, den Prozess der Unterdrückung und Verdrängung durchschauen und einen anderen Umgang mit unseren Gefühlen lernen. Wahrscheinlich haben wir bisher versucht, die „negativen" Gefühle zu unterdrücken, wegzuschieben, zu betäuben, zu verschleiern. Die Folgen waren Spannungen im Körper, wobei wir mit der Zeit das Gefühl gar nicht mehr wahrnehmen, nur mehr die Körperspannung. Auf die Somatisierung, das heißt die Krankheitsfolgen, möchte ich hier nicht eingehen, lediglich festhalten, dass unser Körper mit Beschwerden und Krankheiten darauf reagiert. Auch die Kommunikation mit anderen Menschen wird durch blockierte Gefühle erschwert. Wir verschließen uns oder reagieren abwehrend, argumentieren aus einer rechthaberischen Verteidigungshaltung heraus und sind blind für den Standpunkt des anderen.

PROZESS DER VERÄNDERUNG

1. Gefühle wahrnehmen

Lass das Gefühl zu; spüre es in deinem ganzen Körper; behalte es in dir, sonst kannst du es nicht wirklich wahrnehmen; gib dem Gefühl in dir Raum und gib dir Zeit, dein Gefühl zu erfahren. Gib diesem Gefühl einen Namen, definiere es, damit du weißt, womit genau du es zu tun hast.

Beispiel: *Erleben von Wut*

Setz dich hin, spüre deine Wut, konzentriere dich mit deinen Gedanken ganz darauf, was du spürst. Erkenne auch deine Körperreaktionen, wie fühlt sich das an: heiß, kalt, schwer, lähmend, brennend, stechend, bohrend? Wo sticht es, wo ist es heiß, wo drückt es ...? Wenn du deine Wut **in dir** erlebst, kommst du gar nicht auf den Gedanken, die Wut hinauszuschleudern und einen anderen anzuschreien, zu prügeln oder sonstwie fertigzumachen.

2. Gefühle akzeptieren ohne sie zu bewerten

Es geht nicht darum, deine Gefühle unter Kontrolle zu bringen, sondern zu lernen, die Gefühle auszuhalten. Wie willst du sonst Ursache und Sinn deines Gefühls erfahren können? In dem Moment, wo du dich wegen eines Gefühls verurteilst, wirst du automatisch versuchen, dieses Gefühl zu verdrängen. Also: Trenne dich von dem Gedanken, dass es gute und schlechte Gefühle gibt. Gefühle sind vollkommen neutral, es kommt aber darauf an, welche Handlungen du aus ihnen heraus begehst. Du kannst dein Verhalten verurteilen, aber niemals deine Gefühle.

Beispiel: *Erleben von Trauer*

Nimm die Trauer an, steig tief in sie hinein, lass dich vollkommen darauf ein. Akzeptiere deinen Schmerz, schimpfe nicht über die anderen, die dir diese Traurigkeit vermeintlich zugefügt haben (vermeintlich bedeutet: in Wirklichkeit hat niemand dich traurig gemacht, bestenfalls hat jemand dazu Anlass gegeben, dass du selbst nun Traurigkeit fühlst), es ist **dein** Gefühl, bleib bei dir und halte es aus.

3. Nimm dich jetzt mit deinem Gefühl an, indem du dir klar darüber wirst, dass du dich magst, dass du dich lieb hast, auch wenn du dieses dir unangenehme Gefühl hast.

Beispiel:
Versuche, dich zu mögen, auch wenn du verlegen bist, schüchtern, hilflos, eifersüchtig, sarkastisch, zornig, neidisch, verletzt ... Entwickle ein ganz warmes, verstehendes Gefühl für dich, auch jetzt und gerade jetzt.

Nun bist du fähig für den

4. Schritt: Denke jetzt in aller Ruhe über dein Gefühl nach, woher kommt es, durch was wurde es ausgelöst, warum gerade dadurch, an was hat es dich erinnert, welchen Sinn hat es? Wenn du die ersten drei Schritte gemacht hast, wirst du merken, dass dein Gefühl nicht mehr so furios ist. Es ist nicht

verschwunden, aber es ist ruhiger geworden in dir. Jetzt bist du in der Lage, dich damit auseinander zu setzen.

Zum Abschluss dieser Auseinandersetzung mit dir selbst bedanke dich noch bei dir und freue dich darüber, dass du ein empfindsames Wesen bist, ein Mensch eben, der die Fähigkeit hat zu fühlen.

Ein Irrtum wäre es aber zu glauben, je emotionaler jemand reagiert, desto emotional reifer müsste er sein. Im oben dargestellten Prozess des Umgangs mit Gefühlen ist ja auch ersichtlich geworden, dass es nicht unbedingt darum geht, seine Gefühle nach außen zu zeigen. Nicht das Gefühle-Zeigen nach außen ist entscheidend, sondern wie man mit Gefühlen innerlich umgeht. Je reifer die Gefühle werden, desto leiser werden sie, aber auch desto tiefer. Ob du diese Gefühle anderen mitteilen möchtest, wird davon abhängen, wie nahe dir eine entsprechende Person steht und auch, ob diese im Augenblick bereit ist, dies anzunehmen.

Hellinger unterscheidet zwischen primären und sekundären Gefühlen.

Die PRIMÄREN GEFÜHLE sind stark und tief, aber sie gehen relativ bald vorüber. Diese Gefühle machen stark und führen zum Handeln.

SEKUNDÄRE GEFÜHLE hindern am Handeln und machen schwach. Sie sind ein Ersatz für Handeln und sollen einen anderen überzeugen, dass man nicht handeln kann. Deshalb sind solche Gefühle laut, sie müssen übertrieben und dramatisiert werden. Sekundäre Gefühle lösen das Problem nicht, sie halten es aufrecht.

Nach dieser Einteilung Hellingers können wir gut sehen, was generell der Sinn eines Gefühls ist. Nämlich: Es soll uns zu einer Handlung führen.

Am Beispiel der Trauer bedeutet dies: Ich lebe den Schmerz, ich trauere tief (primäres Gefühl), durch das Durchleben und Ertragen des Schmerzes komme ich in meine Kraft und ... ich lasse los. Denn genau das ist der Sinn der Trauer, dass ich zur Handlung des Loslassens komme. Stelle ich mich der Trauer nicht, versuche ich mich darüber hinweg zu schwindeln, flüchte ich mich in Arbeit, Sport, Reisen, Alkohol und was es sonst noch alles an Sublimierungen gibt, dann gehe ich in die sekundäre Trauer. Das heißt, ich habe ein ungelebtes Potenzial der Traurigkeit in mir, ich werde mich mit Selbstmitleid herumschlagen und bei allen möglichen Gelegenheiten sehr schnell angerührt oder beleidigt sein. Ich werde nicht handeln, ich werde lediglich jammern.

Durch das in der Kindheit gelernte Unterdrücken der Gefühle sind wir als Erwachsene oft auch nicht fähig zu jenen Gefühlen zu stehen, die für das Wohl der sozialen Gruppe, in der wir uns bewegen, dringend notwendig wären. Dazu zählen vor allem die Trauer, das Schamgefühl und die Reue. Wenn wir verletzen, zerstören, missachten, machen wir uns schuldig. Dann ist es nötig zu unserer Schuld zu stehen, sich dazu zu bekennen und die Verantwortung zu tragen. Das heißt, ich lasse mich ein auf die Trauer, das Schamgefühl und die Reue. Erst dann kann ich zur notwendigen Handlung gelangen ... der Wiedergutmachung.

Eine gänzlich andere Kategorie sind die SYSTEMISCH ÜBERNOMMENEN GEFÜHLE. In den Familienaufstellungen können wir sie orten, jene Gefühle, die zu irgendeinem anderen Mitglied unserer Sippe gehören, und die uns tatsächlich von uns entfremden. Auch die übernommenen Gefühle zeigen sich oft in übertriebener Ausprägung, etwa darin, ein Gerechtigkeitsfanatiker zu sein und bei jedem Unrecht in Ärger oder Wut zu geraten; oder darin, ein Moralapostel zu sein, der bei jeder nur im Verdacht des Anrüchigen stehenden Handlung Schuldgefühle bekommt; oder darin, sich ständig und sofort von anderen angegriffen zu fühlen und leicht verletzt zu sein. Man kann sich in einer solchen Situation die Frage stellen: „Wer in meinem System hätte allen Grund gehabt, sich verletzt zu fühlen?" Wenn man sich die Schicksale der Menschen in seiner Familie anschaut, ist es möglich, die Person zu finden, von der man die Gefühle übernommen hat.

Die letzte Kategorie sind die META-GEFÜHLE. Sie sind reine, gesammelte Kraft. Die Liebe gehört dazu, wenn wir die wahre, also die Liebe ohne Bedingungen meinen. Meta-Gefühle erleben wir dann, wenn wir ganz bei uns sind. Wir sind es, wenn wir uns bejahen und gerade dadurch erst die Chance zur Veränderung, zur Weiterentwicklung, zur Verfeinerung unseres Selbst bekommen.

5.2 MEIN FRAU-SEIN LEBEN KÖNNEN, MEINEN MANN STEHEN KÖNNEN

So sehr wir in unserer Kultur stolz sind auf unsere Intelligenz und so sehr wir die Rationalität für das Ziel der menschlichen Entwicklung halten, so bescheiden zeigen sich diese Gaben, wenn man auf die Effektivität ihrer Anwendung blickt. Was den Menschen wahrscheinlich im Vergleich zu allen anderen Lebewesen am stärksten unterscheidet, ist die Entscheidungsfreiheit. Dass er diese immer wieder dazu verwendet, gegen sein Wohlergehen zu handeln, spricht nicht unbedingt für seine Intelligenz, es zeigt aber die Existenz einer schöpferische Eigenständigkeit. „Es zeichnet sich aber immer deutlicher ab, dass gerade die Entwicklung des Schöpferischen seit geraumer Zeit zum Stillstand gekommen ist. Das schrittweise Ausweiten schöpferischer Fähigkeiten steht seit Jahrhunderten faktisch still und hat für das menschliche Selbstverständnis in Folge die Konsequenz nach sich gezogen, nur noch auf die biologische, materiebezogene Ebene zu blicken. Gerade die letzten Generationen haben versucht, alle möglichen Aspekte bis zum jeweiligen Maximum zu steigern. Auch das Wunderwerk der Technik ist im Prinzip als verlängerter Arm der körperlichen wie auch der formalen Intelligenz zu sehen, also auch auf die materielle Ebene bezogen." [21]

Nun ist es aber ein Irrtum zu meinen, die Menschen handelten aufgrund ihrer scharfen intellektuellen Erkenntnisse und genauer Überlegungen. Wir handeln, wie schon der Jungianer Guggenbühl-Craig treffend formulierte, aufgrund uns vorschwebender innerer Bilder. Bewusstwerdungsprozess heißt also, sich der inneren Bilder bewusst zu werden, die uns leiten, und zu lernen, sie deutlicher zu sehen. Es gilt, immer wieder über die Bilder nachzudenken, zu reflektieren und zu phantasieren.

Die östlichen Philosophien lehren uns, „dass die rationale Geistigkeit des Menschen ihn zur Erkenntnis führt, die transzendentale Geistigkeit aber führt ihn zur Einsicht. Einsicht ist das Erfassen der inneren Zusammenhänge." [22] Die Entdeckungen der modernen Mathematik[23] und Physik zeigen Parallelen zu philosophischen und mystischen Erkenntnissen (Mystik = die Wissenschaft von Geist und Bewusstsein). So meint David Bohm: „Was ich vorschlagen möchte, ist die Erwägung, dass die übliche Art, wie der Mensch über das Ganze denkt, also seine allgemeine Sicht der Welt, wesentlich ist für die Gesamtordnung des menschlichen Geistes selbst. Wenn er sich das Ganze als zusammengesetzt aus unabhängigen Teilen denkt, dann wird sein Geist tendenziell in diesem Sinne arbeiten; wenn er aber alles kohärent und harmonisch in eine Gesamtheit einschließen kann, die ungeteilt, bruchlos und ohne Grenze ist (denn jede Grenze ist eine Teilung oder ein Bruch), dann wird sein Geist tendenziell in ähnlicher Weise arbeiten und daraus wird geordnete Handlung innerhalb des Ganzen fließen." [24]

21) Kössner, Johann: Die materielle Realität, S. 26
22) Gosztonyi, Alexander, in: Das Tibetische Buch der Toten, S. 91
23) Plichta, Peter: Gottes geheime Formel – Die Entschlüsselung der Primzahlen-Code.
24) Bohm, David: Die verborgene Ordnung des Seins

Die Familienaufstellungen zeigen uns, dass der Weg der Tragödie und des Leids immer wieder über die Liebe und Achtung zur Lösung führt. Nicht die Verliebtheit, sondern die Liebe erlöst uns. Der Eros kann (und wird in Paarbeziehungen) die Ursache sein, die Energien freisetzt, um die Liebesfähigkeit wachsen zu lassen. Die Fortsetzung des Weges aber ist die Liebe, eine Mischung aus Wärme, Zärtlichkeit, Herzlichkeit, Güte, wohlwollendem Zugeneigtsein, Bewusstheit, Freude, Glück und Lebendigkeit ... Das alles zusammen macht sie aus: die Liebesenergie.

Wir suchen immer wieder verzweifelt und sehnsüchtig nach Menschen, die uns lieben. Wir wollen geliebt werden, aber wir übersehen dabei, dass das wahre Geschenk das „Lieben-Können" ist, eine Fähigkeit, mit der wir uns als Erwachsene oft schwer tun. Als kleine Kinder liebten wir noch ohne Vorbehalte. Wenn wir etwa die Oma liebten, war sie schön in unseren Augen, wir liebten ihr Schauen, ihre Mimik, ihre Hände, ihr ganzes Sein ... Wir kämen niemals auf die Idee zu meinen: „Die Oma ist mir jetzt zu eintönig oder zu dick, zu faltig, und ich tausche meine Oma jetzt gegen eine andere aus." Wir tun es nicht, weil wir lieben. Diese Liebe geht vielen Menschen später verloren. Die Fähigkeit zu lieben verkümmert, und wir vergessen, dass wir einmal dieser Gefühle fähig waren. Dorthin gilt es wieder zu kommen.

Würdest du wollen, dass jemand überheblich, verächtlich und kompromisslos mit dir umgeht? Nein, natürlich nicht, keiner möchte es. Trotzdem begeistern sich viele Menschen für Politiker, Generäle, Wirtschaftsbosse etc., die solchermaßen handeln und deren ignorantes Verhalten wir täglich in den Medien beobachten können. Sie bewundern diese „Bosse", weil sie so handeln, wie sie selber gerne anderen Menschen gegenüber handeln würden, denen gegenüber sie sich unterlegen oder benachteiligt fühlen. Die „Stellvertreter" dienen als Ventil, und auf diese Weise ist Hoffnung, den eigenen Frust loszuwerden.

Wenn wir solche Regungen in uns spüren, dann bedeutet dies, dass wir in unserer Lebensgeschichte viele Unterdrückungen erlitten haben. Dies gilt es zu erkennen, damit wir uns aus dem Gefängnis von Wut, Hilflosigkeit, Angst und Rache befreien können. Das Vergangene ist vorbei und muss als Vergangenes losgelassen werden. Überwindung der Ängste heißt Loslassen, damit wir in die Liebe gehen können. Wir spüren die Angst immer dann, wenn wir nicht lieben und nicht achten. In Seminaren ist das gut zu beobachten und zu lernen. Immer wieder haben TeilnehmerInnen Schwierigkeiten, sich in Gruppen wohlfühlen zu können. Sie fühlen sich als Außenseiter, haben Ängste und können sich schwer öffnen. Wenn sie sich nun innerlich entschließen, die anderen anwesenden Personen zu würdigen, auch wenn sie anders sind, wenn sie ihnen innerlich also auch erlauben, anders zu sein, dann vergeht die Angst. Sie können sich dann völlig unbefangen mit den anderen austauschen.

Menschen möchten anerkannt werden. Wir tun vieles, wenn nicht sogar alles, um das zu erreichen. Wenn nun einer etwas tut, zeigt oder sagt, wodurch den anderen offenkundig wird, dass er Anerkennung, Aufmerksamkeit, Bewunderung bekommen möchte, dann reagieren viele ausweichend. Sie sagen: „Der will ja nur Aufmerksamkeit haben", und sie verweigern sie diesem Menschen. Sie gehen partout nicht auf diese Person ein, übergehen sie oder mindern sie herab: „So ein Wichtigtuer." Ist das nicht merkwürdig? Da zeigt mir einer, was er dringend braucht, und ich vermittle ihm: „Genau das gebe ich dir nicht."

Viel Schlimmes geschieht in Familien, weil Menschen in ihrer verzweifelten Suche nach Anerkennung immer wieder erkennen müssen, dass sie sie nicht bekommen. Die Folge ist, dass sie noch eins drauflegen müssen. Kinder tun dies oft über negatives Verhalten. Weil sie im „Normalzustand" viel zu wenig Aufmerksamkeit bekommen (um sich gut entwickeln zu können, bedürfen Kinder einer konstanten und respektierenden Aufmerksamkeit), müssen sie aus einem inneren Drang heraus auffällig werden, um diese Aufmerksamkeit letztendlich doch zu bekommen, auch wenn sie jetzt nur mehr in Form von Schimpfen oder anderen negativen Sanktionen erfolgt. Kinder kommen eher mit der negativen Aufmerksamkeit zurecht als mit gar keiner.

Wenn wir solches Verhalten an uns bemerken, müssen wir uns zunächst wieder selber fragen, warum wir uns so schwer tun, den anderen Anerkennung zu geben. Innere Glaubenssätze, die wir als Dogmen von unserer Ursprungsfamilie übernommen haben, aber auch eigener Mangel an Anerkennung können die Ursachen sein. In einem weiteren Schritt gilt es, die Fähigkeiten des Anerkennens und Würdigens zu forcieren. Das beginnt bei der Selbstachtung und Würdigung der eigenen Person. Wenn ich mit mir selbst respektvoll umgehe, wird es mir viel leichter gelingen, auch mit den anderen respektvoll umzugehen. Darum geht es letztendlich bei der Entwicklung aller Fähigkeiten: an mir zu arbeiten zu meiner Freude und meinem Nutzen, um diese entwickelten Fähigkeiten dann zum Nutzen aller anderen Organismen einzusetzen.

Wie wir schon wissen, bringen Forderung und Anspruch an den anderen, mir das geben zu müssen, dessen ich bedarf, keine wirkliche Verbesserung, auch wenn ich den anderen durch Druck, Manipulation oder auch Verführung dazu bringen kann, meine Ansprüche zu erfüllen. Wir können aber über die Beziehung zu einem anderen die eigenen Bedürfnisse und deren Hintergründe verstehen lernen. Besonders lehrreich sind in diesem Sinne Paarbeziehungen. In einer Partnerschaft sind immer Gegensatzpaare zusammen, so kann etwa der Ja-Sager vom anderen Nein sagen lernen, und der Nein-Sager kann das Ja lernen. Partnerschaft hilft uns auf dem Weg zu uns selbst. Der Partner zeigt uns durch seine unangenehmen Eigenschaften, was wir in uns noch erschließen müssen.

Männer neigen oft dazu, sich zu verschließen, nichts über sich zu erzählen, nicht über die Beziehung zu reden und schon gar nicht über ihre Gefühle. Frauen wollen über die Beziehung reden, wollen über die Gefühle der Männer Bescheid wissen und neigen dazu, jede Gefühlsregung sofort mitzuteilen. Wenn sie einander so annehmen und anerkennen wie sie sind (und nicht fordern, der Partner müsste anders sein), können sie voneinander lernen. Sie lernt von ihm, die Gefühle auch für sich zu behalten, dadurch in sich Kraft zu sammeln und diese dann gezielt und in freier Entscheidung einzusetzen. Er lernt von ihr, seine Gefühle auch äußern zu können und aus dem verbalen Austausch über die Gefühle eine stärkere und innigere Nähe herzustellen.

In jeder Paarbeziehung gibt es Phasen (siehe Kapitel 3.4.), in denen die Liebe nicht vorhanden ist oder nicht mehr gespürt werden kann. Aber auch dann ist es trotzdem unabdingbar notwendig, den Partner zu achten und zu respektieren. Wenn wir den anderen achten, übernehmen wir unweigerlich auch die Verantwortung für uns selbst. Es ist nämlich unmöglich, Respekt vor dem anderen zu haben und ihm die gesamte Verantwortung für mein eigenes Glück anzuhängen.

Zu einem gesunden Selbstwertgefühl gehört Akzeptanz auf allen Ebenen, auch auf der eines bestimmten Geschlechtswesens. So ist es für Frauen wichtig, sich als Frauen zu akzeptieren und zu lieben und für die Männer, sich als Männer annehmen zu können und sich dabei gut zu fühlen. Die gegenseitige Anerkennung und Respektierung der Geschlechter ist eine wesentliche Voraussetzung dazu. Die Abklassifizierung der jeweils anderen Gruppe weist auf Defizite im eigenen Selbstwertgefühl hin. *Die Frauen* oder *die Männer* zu be- oder verurteilen im Sinne von Schubladendenken und Abwertung ist in keiner Weise tauglich oder einer Verbesserung unserer Gesellschaft förderlich. Leider sind wir noch ein Stück davon entfernt, in einer wirklich gleichberechtigten Gesellschaft zu leben, in der Frauen Männer und Männer Frauen achten – in der Akzeptanz sowohl dessen, was Ausdruck des Weiblichen als auch dessen, was Ausdruck des Männlichen ist.

In den Familienaufstellungen erfahren wir, dass wir letztendlich alle das Gleiche brauchen: unseren anerkannten Platz auf dieser Welt, eingebettet in die Sicherheit erfahrener Liebe und Achtung.

So möchte ich mit LAO-TSE[25] schließen, der uns vermittelt, dass aus den edelsten Eigenschaften ohne die Liebe nichts anderes wird als Charakterlosigkeit und Schwäche:

PFLICHT	ohne Liebe macht verdrießlich.
VERANTWORTUNG	ohne Liebe macht rücksichtslos.
GERECHTIGKEIT	ohne Liebe macht hart.
WAHRHEIT	ohne Liebe macht kritiksüchtig.
KLUGHEIT	ohne Liebe macht betrügerisch.
FREUNDLICHKEIT	ohne Liebe macht heuchlerisch.
ORDNUNG	ohne Liebe macht kleinlich.
SACHKENNTNIS	ohne Liebe macht rechthaberisch.
MACHT	ohne Liebe macht grausam.
EHRE	ohne Liebe macht hochmütig.
BESITZ	ohne Liebe macht geizig.
GLAUBE	ohne Liebe macht fanatisch.

25) LAO-TSE, Chinesischer Philosoph, wahrscheinlich 3. Jh.v.Chr.

Anhang

LISTE DER EIGENSCHAFTEN NEGATIVER LIEBE

Gleichgültigkeit / Keine Unterstützung

Kälte, Lieblosigkeit, keine Zärtlichkeit

Eher verantwortlich und pflichtbewusst als liebevoll

Vernachlässigung und Unzuverlässigkeit

Verlassen signalisierend

Setzt sich nicht für andere ein

Zeigt wenig oder keine Gefühle

Kein Mitgefühl

Dinge sind wichtiger als Menschen

Rücksichtslosigkeit

Geiz

Keine Achtung vor dem Partner, den Kindern,
vor anderen Menschen

Verhilft anderen nicht zur Selbstachtung

Nimmt keine Notiz von anderen, Missachtung

Zieht ein Kind dem anderen vor

Mag die Elternrolle nicht

Hält mit Lob zurück

Schürt Rivalität unter Geschwistern

Eiserne Disziplin

Lascher Erziehungsstil

Ignoriert die positiven Leistungen anderer

Blamiert und verurteilt andere

Egoismus

Aus: Bob Hoffman, Entfaltung der Liebe

Literatur

Abrahams, Janis / Spring, Michael: Die kreative Aufarbeitung des Seitensprungs, Frankfurt 1996

Antons, Klaus: Praxis der Gruppendynamik, Göttingen 1998

Arninger, Margret: Das innere Kind, München 1997

Bateson, Gregory: Ökologie des Geistes, Frankfurt/M. 1983

Berger, P.L. und B.: Wir und die Gesellschaft, Hamburg 1976

Berger-Luckmann: Die gesellschaftliche Konstruktion der Wirklichkeit, Reutlingen 1974

Bion, Wilfried R.: Lernen durch Erfahrung, Frankfurt/M. 1992

Bohm, David / Factor, Donald (Hgg.): Die verborgene Ordnung des Seins, Grafing 1998

Bragdon, Emma: Spirituelle Krisen – Wendepunkte im Leben, Freiburg 1991

Caruso, Igor: Die Trennung der Liebenden, Frankfurt/M. 1983

Castaneda, Carlos: Reise nach Ixtlan, Frankfurt/M. 1998

Dargyay, E. / Lobsang, G. (Hgg.): Das tibetische Buch der Toten, Bern 1977

Durkheim, Emile: Der Selbstmord, Neuwied 1973

Erikson, Erik H.: Identität und Lebenszyklus, Frankfurt/M. 1966

Fischer, H.R. (Hg.): Die Wirklichkeit des Konstruktivismus, Heidelberg 1995

Foucault, Michel: Die Ordnung der Dinge, Frankfurt 1978

Franke, Ursula: Systemische Familienaufstellung, Wien 1998

Frischkurt, Eva J.: Wenn Frauen nicht mehr lieben, Düsseldorf 1998

Fromm, Erich: Analytische Sozialpsychologie, Frankfurt/M. 1970

ders.: Die Kunst des Liebens, Frankfurt/M. 1980

Gneist, Joachim: Wenn Hass und Liebe sich umarmen, München 1995

Göckel, Renate: Endlich frei vom Esszwang, Stuttgart 1992

Goffman, Erving: Stigma, Frankfurt 1977

Grindler / Bandler: Die Struktur der Magie, Paderborn 1982

Grof, Stanislav: Auf der Schwelle zum Leben, München 1989

Gruen, Arno: Der Verrat am Selbst, München 1986

Hammer, Signe: Töchter und Mütter, Frankfurt/M. 1985

Hellinger, Bert: Der Abschied, Heidelberg 1998

ders.: Ordnungen der Liebe, Heidelberg 1999

ders.: Schicksalsbindungen bei Krebs, Heidelberg 1997

Hoffman, Bob: Entfaltung der Liebe, Basel 1992

Hofstätter, Peter R.: Einführung in die Sozialpsychologie, Stuttgart 1973

Jellouschek, Hans: Die Kunst als Paar zu leben, Zürich 1992

Johnson, Robert A.: Bilder der Seele, München 1995

Jung, C.G.: Archetypen, München 1999

Kast, Verena: Trauern: Zürich 1988

Kössner, Johann: Die materielle Realität, Heidenreichstein 2000

Kübler-Ross, Elisabeth: Leben bis wir Abschied nehmen, Stuttgart 1979

Levine, Stephen: Wer stirbt? – Wege durch den Tod, Bielefeld 1991

Levi-Strauss, Claude: Das wilde Denken, Frankfurt/M. 1977

Marcuse, Herbert: Der eindimensionale Mensch, Neuwied 1977

Mead, Margret: Jugend und Sexualität, München 1971

Millmann, David: Die universellen Lebensgesetze, Kempten 1996

Neuhauser, J. (Hg.): Wie Liebe gelingt, Heidelberg 1994

Nolting, Hans-Peter: Lernfall Aggression, Hamburg 1978

Onken, Julia: Spiegelbilder, München 1995

Pastore, N.: The nature-nurture controversy, New York 1979

Plichta, Peter: Gottes geheime Formel – Die Entschlüsselung des Primzahlen-Code, München 1999

Prekop, Irina/ Hellinger, Bert: Wenn ihr wüsstet, wie ich euch liebe, München 1998

Richter, Horst Eberhard: Wer nicht leiden will, muss hassen, Hamburg 1993

Ring, Kenneth: Den Tod erfahren – das Leben gewinnen, Bergisch-Gladbach 1998

Rinpoche, Syngial: Das Tibetische Buch vom Leben und vom Sterben, Bern 1999

Risi, Armin: Unsichtbare Welten, Bd. 2, Neuhausen 1998

Satir, Virginia: Kommunikation, Selbstwert und Kongruenz, Paderborn 1990

Schellenbaum, Peter: Aggression zwischen Liebenden, Hamburg 1994

Schuhmacher, Guido: Diagnose und Therapie für eine neue Zeit, Babenhausen 1997

Stern, Daniel: Tagebuch eines Babys, München 1993

Tannen, Deborah: Du kannst mich einfach nicht verstehen, Hamburg 1991

Tavris, Carol: Wut, Hamburg 1992

Watzlawick, Paul: Menschliche Kommunikation, Bern 1974

ders.: Wie wirklich ist die Wirklichkeit?, München 1996

Weber, Gunthard (Hg.): Zweierlei Glück, Heidelberg 1994

Welter-Enderlin, Rosemarie: Paare – Leidenschaft und Langeweile, München 1992

Über die Autorin

Ein reiches Leben an Erfahrungen – als Fabrikarbeiterin, in der biologischen Landwirtschaft, in Büro, Verkauf und Vertrieb, als Universitätslektorin und Mitarbeiterin verschiedener Forschungsprojekte sowie der wohl wesentlichsten und prägendsten als Mutter von drei Kindern, und der Erwerb von Wissen (abgeschlossene Studien der Betriebswirtschaft, Soziologie und Psychologie, psychotherapeutische Ausbildung), bilden die Basis für das systemische Arbeiten und dessen praktischen Ausdruck: das Familienstellen. Anneliese Seebacher ist seit mehr als 10 Jahren als Seminarleiterin tätig.

Winfried Nolden

Von der Trauer zum Vertrauen

Begegnungen mit dem wahren Selbst

Das Unbewusste des Autors spricht zu ihm und durch ihn, tröstend, aufmunternd, wachrüttelnd. Es ist sein Gott, der ihm und jedem, der Ohren hat zu hören, die Botschaft vermittelt: Sei einfach du selbst, folge der Vision deiner Seele, und du wirst glücklich und – heilig!

ISBN 3-931652-95-5
248 Seiten · broschiert
€ 14,90

Beate Bock

Un-Mögliches möglich machen

Ein Übungsbuch

Dieses Buch ist für Menschen geschrieben, die ihr Leben in einfacher Weise positiv verändern wollen. Beate Bock stellt Übungen vor, die im alltäglichen Leben mit erstaunlicher Leichtigkeit anzuwenden sind. Jeder kann die für ihn passenden Übungen wählen, um sein Leben einfach und vergnüglich positiv zu verändern.

ISBN 3-932781-67-9
168 Seiten · broschiert
€ 12,90

Jürgen Wolf

Ausbruch in die Freiheit

Ein Praxisbuch

Auf spielerische Weise führen uns zahlreiche Übungen zu uns selbst. Befreit von den Einflüssen unseres Umfelds finden wir unseren wahren Kern und können uns ein großes inneres Potenzial erschließen.

ISBN 3-931652-99-8
128 Seiten · broschiert
€ 12,60

Theo Fischer

Das Tao der Selbstfindung

Dieses Buch vom Autor des Bestsellers „Wu wei, die Lebenskunst des Tao" ist eine Lektion in Sachen Hinwendung zur Wirklichkeit. Wer den Mut aufbringt, sich dem objektiven Zustand seines Lebens ehrlich und rückhaltlos zu stellen, wird erleben, dass er damit den Kraftschluss herstellt, der jene Energien freisetzt, mit denen er seine Probleme lösen kann.

ISBN 3-931652-85-8
224 Seiten · broschiert
€ 12,90

Lynn Andrews

Das Power Set

Die Weisheit der Frauen

Dieses Power-Set besteht aus 45 wunderschön illustrierten Karten und einem Buch mit Affirmationen und Meditationen. Die Autorin der ›Medicine Woman‹ und der ›Woman of Wyrrd‹ zeigt Ihnen, wie Sie die Weisheit des Universums nutzen können, die von den Schwestern der Schilde offenbart wurde. Auf jeder Karte finden Sie ein Bild, das Mutter Erde und Vater Himmel symbolisiert, und eine Affirmation, die Ihre Macht vergrößert. Um die Erde zu heilen, müssen wir uns zuerst selbst heilen. „Das Power-Set", schreibt Lynn Andrews, „hilft uns, die Urquelle unserer Schmerzen und Schwächen zu finden, sodass wir sie überwinden können. Jede Karte fördert Schönheit, Gesundheit, Kraft und Weisheit."

ISBN 3-89845-005-8
Box, Begleitbuch 112 Seiten
45 farbige Karten 12 x 9 cm
€ 24,90

Kurt Tepperwein

Hilf Dir selbst, sonst tut es keiner

Was wir für unsere spirituelle und praktische Entwicklung tun können, ist das Thema dieses Buches. „Wenn Sie heute sterben würden, an was würden Sie noch hängen? Was würde Ihnen schwer fallen, loszulassen?" – Fragen, die uns bewusst machen, dass wir letztlich alles nur leihweise besitzen, und dass es deshalb umso wichtiger ist, unsere Zeit und Energie den für uns wesentlichen Dingen zu widmen, um ein erfolgreiches und erfülltes Leben zu führen.

Mit wunderbaren Meditationen und Praxistests, wie z.B. einer Methode zur Schmerzauflösung.

ISBN 3-931652-52-1
144 Seiten · broschiert
€ 13,90

Triana Jackie Hill

Der unsichtbare Liebhaber

Nicht von dieser Welt

„Trianas Lebensgeschichte ist außergewöhnlich. Durch ihre Suche nach der Identität ihres mysteriösen Erzeugers und jenseitigen Geliebten und ihre Reise in frühere Leben führt sie uns eindringlich die Rätselhaftigkeit unseres Lebens vor Augen."

James Redfield, Autor der
„Prophezeiungen von Celestine"

ISBN 3-931 652-71-8
300 Seiten · gebunden
€ 17,90

Karl Everding

Jeder ist ein Feuerläufer

Feuerlaufen ist eine sehr alte Tradition in vielen Kulturen und ein wichtiges Initiationsritual. Der Psychotherapeut Everding leitet Transformations- und Feuerlaufseminare und bildet Feuerlauf-Seminarleiter aus. Er beschreibt die psychischen und emotionalen Prozesse, die vor, während und nach dem Feuerlaufen auftreten. Die Teilnahme an einem Feuerlaufseminar bietet enorme Chancen, um festsitzende innere Blockaden und besonders Ängste aufzulösen, alte Verhaltensstrukturen zu sprengen und im Alltag Grenzen zu überschreiten.

ISBN 3-931 652-09-2
broschiert ·154 Seiten
€ 12,60